量化健身

原理解析

健身

陈柏龄 著

机械工业出版社

CHINA MACHINE PRESS

当下，在我国有关健身的书籍、自媒体信息层出不穷，健身者们并不缺乏碎片化的训练方法、训练理念，而是缺乏标准化的健身知识以及完整、成体系的训练思路。在本书中，具备多年健身教学、科普经验的"陈教头"用通俗易懂的语言讲述了标准化健身的基础知识以及与训练紧密结合的理论内容，为大众健身者构建了一套科学的、可操作性强的健身知识体系，使读者能够用量化分析的方法去看待健身训练。这并不是一套简简单单的健身书籍，而是一份标准化的，能帮助你建立健身知识体系的"健身学习产品"，健身者可以用，教练可以用，场馆的经营者也可以参考运用。

图书在版编目（CIP）数据

量化健身：原理解析 / 陈柏龄著. — 北京：机械
工业出版社，2019.8（2024.8重印）
ISBN 978-7-111-63425-6

Ⅰ.①量… Ⅱ.①陈… Ⅲ.①健身运动—基本知识
Ⅳ.①G883

中国版本图书馆 CIP 数据核字（2019）第173666号

机械工业出版社（北京市百万庄大街22号 邮政编码100037）
策划编辑：王 炎 责任编辑：王 炎
责任校对：梁 倩 责任印制：张 博
北京新华印刷有限公司印刷

2024年8月第1版·第13次印刷
165mm×235mm·13.75印张·244千字
标准书号：ISBN 978-7-111-63425-6
定价：69.80元

电话服务 网络服务
客服电话：010-88361066 机 工 官 网：www.cmpbook.com
010-88379833 机 工 官 博：weibo.com/cmp1952
010-68326294 金 书 网：www.golden-book.com
封底无防伪标均为盗版 机工教育服务网：www.cmpedu.com

前言

我是怀着两个目的来创作"量化健身"这套书的。

一是为健身者提供标准化的学习产品，二是为健身者介绍系统性的知识体系。

先来说说第一点，标准化的学习产品。

传统的健身私教课程非常注重个性化。这导致了健身教学里难以有"标准化的产品"，健身者在付费买课之后，不知道自己将面对什么样的教学内容。健身场馆经营者也会头疼于如何为客户输出更好的教学课程，以及如何去批量复制优秀教练的教学内容——因为健身这件事太难标准化了。

许多健身行业的从业者认为，我们每个人的身体状况各有不同——有的人胖，有的人瘦，有的人壮，有的人有体态问题，有的人有运动损伤，这些人在训练过程中也会遇到不同的问题，教练针对不同的人群所用的教学方法和解决问题的策略都不一样，因此很难构建一个适用于所有人的"标准化产品"。我认同这种观点的前半部分，但不认同后半部分。

依据上述的说法，普通人恐怕永远无法脱离于以私教课为开端的入门训练，因为"每个人的具体情况都是不一样的，所以我们无法使用别人的训练计划和训练方法"。但其实许多的训练计划只要稍微改动，就可以适用于大部分的普通人。这是因为虽然我们每个人体态、体能各异，但是我们的身体都是由相同的骨骼、肌肉和关节组成的。2012—2019 年，这七年时间里我都在尝试将健身入门的训练内容制作成为"可标准化的产品"。

在七年的教学和科普过程中，我发现，在"个性化"的健身训练开始之前，完全可以有一个"标准化"的入门过程，因为大部分身体正常的普通人在健身初期训练的内容几乎都是一样的。而动作教学、计划安排的过程也是可以标准化的。

举个简单的例子。在深蹲这个动作中，虽然每个人身体结构不一样，但我们只需要去确认几个基础的动作标准就可以了：脊柱中立位、髋膝同时屈伸、身体稳定、脚底重心稳定、呼吸与动作节奏良好。这几个重点细节都做到，就足以说明这是一个"标准的深蹲动作"。至于身体结构的不一致，我们只需要基于这个"标准动作模板"进行优化即可。

一些训练者会拿"不同的顶尖运动员练同一个动作的方式都有很大差异"去证明"健身中没有标准动作，只有适不适合自己的动作"的观点。

这其实并不符合逻辑。那些顶尖运动员训练动作视频中所展现的，是他们经过了数年甚至数十年的打磨后选出的最适合自己的方法，所以每个运动员的动作都或多或少有所差异。高手，也都是从零基础的训练者一步一步走过来的。

健身者可以在"标准动作"之上，进一步优化自己的动作模式，最后调整为适合自己的最优动作，但这不意味着"标准动作"这个概念是不存在的。恰恰相反，"标准动作"才是初学者最应该去学习和打磨的内容。

对于刚开始训练的朋友而言，学习"标准动作模板""基础计划模板"才是最为要紧的事情。高手的动作并不适合初级训练者借鉴。

在本套书中，我运用解剖学、生理学的知识将传统健身中的各种训练动作、训练计划拆解，让大家了解到所有的训练技巧、训练方法都是有法可依，有据可查、有自身运动逻辑的。

动作本身是可量化的，它能够通过解剖学来被量化。

训练本身是可量化的，它能够通过解剖学和生理学来被量化。

饮食本身是可量化的，它能够通过营养学来被量化。

健身的基础知识是可标准化、可量化的。这是我在这本书里试图传达的内容。我希望这并不是一套简简单单的健身书，而是一份标准化的"健身学习产品"，健身者可以用，教练可以用，场馆的经营者也可以参考运用。

再来说说第二点，系统性的知识体系。

事实上，现在网络上的信息量非常庞大，越来越多的教练和健身者都来分享自己的训练技术和经验，健身者所能够接受到的信息极其多。但网络上的信息往往是碎片化的，而不是成体系、互相有联系的，甚至能看到一个作者会在不同时期发表两个完全相反的训练观点。所以我经常收到不同读者的私信：

"请问深蹲时膝盖要不要超过脚尖，我的教练说是一定不能，是真的吗？为什么又有很多人说可以超过脚尖？"

"我按照网上的训练计划练了一个月，发现自己背很痛，是什么原因？"

"有的文章说卧推要伸直肘关节，有的文章说不要伸直肘关节，为什么呀？"

"我看见网上有一周3练、一周5练、甚至一周7练，到底哪个是对的呀？"

……

这些问题我五六年前就回答过，但是在各个网络平台中我却一直收到这样的留言和私信提问。

我在思考，在已经慢慢变好的健身环境下，为什么这类看起来非常简单的问题依然会层出不穷？

我想，大概是因为知识不系统吧。

当我们接触到的内容不是一个完整的知识体系时，那么很可能其中的知识都是零散拼凑的，今天这个推送讲"超级组""金字塔组"，明天那个文章讲"卧推的正确姿势"……若没有一个完整、系统的知识框架，碎片化的知识是很难发挥全效的，更何况，许多健身行业的科普者从属不同的训练体系，训练主张和侧重点都有所不同，如果一个初学者本身并没有完善的训练体系，却依旧选择"东学一点，西学一点"的知识获取方式，那么很可能导致看得越多越混乱，对实践并无帮助，反而有害。

所以，当下中国的健身者并不缺乏碎片化的训练方法、训练理念，而是缺乏完整的、成体系的训练方法、训练理念。

这是我写作本系列书籍的第二个目的：通过通俗易懂的语言讲解与训练紧密结合的理论内容，为大众健身者构建知识体系。

我希望"量化健身"是一套能够帮助读者建立"健身知识体系"的书，通过阅读，读者能够用科学、量化分析的方法去看待健身训练。

　　这套书只是一个小小的开始。时代在变，行业在变，本系列书籍的内容也将会随着时间的推移而逐步更新，欢迎大家对本套书的内容提出建议或批评性意见，可以关注微信公众号"陈柏龄的酱油台"，并在后台留言，或者发送邮件至chenbailing127@foxmail.com，我会在后续的版本中根据大家的意见进行更多的修改工作。

　　最后，感谢我的父母、爱人对我所做工作的理解和支持，感谢陈宇、卢旻君、王璟、朱俊杰对本书内容提供的帮助与建议，感谢王炎老师对书稿的编辑加工工作。

陈柏龄

目 录

前言

第一章

破除健身迷思

第一节
打破"唯基因论"的偏见

　　在外国电影中，我们常常看到史泰龙、施瓦辛格、范·迪塞尔、道恩·强森、克里斯蒂安·贝尔等人塑造的各种肌肉壮汉的银幕形象。而相比之下，国内的肌肉硬汉形象似乎少得可怜。

　　说起健身、肌肉、力量训练这些关键词，许多国人脑袋里会冒出一些非常有意思的观念："女孩子千万不要去举铁，到时候变成肌肉女就太可怕了""健身练出来的肌肉并不实用，都是死肌肉""肌肉男都不过是吃蛋白粉、类固醇才长得那么壮的，对身体损伤很大""大量的肌肉会降低身体的灵活度，让人变得行动不便""太极拳、五禽戏这些更适合中国人，而举铁健身不适合中国人"等。

　　健身者听到这些观念往往会哑然失笑，但又无能为力。

　　其实肌肉并不需要通过药物才能获得增长，普通人通过科学的训练、合理的饮食，也能够练出强壮、有线条感的身材；耐力、爆发力、力量、速度的提升，本质上都离不开身体肌肉的增长，对于普通人而言，肌肉的增长不但不会降低身体的反应能力和移动速度，反而能够帮助你变得更快、更强。如今，所有的运动员都会进行一定程度的力量训练，以获得更好的运动表现。

　　肌肉也并非是在锻炼中长出来的。在高强度锻炼中，你的肌肉会被破坏、被撕裂，而训练后补充的蛋白质会填补到被破坏、撕裂的肌肉中去帮助你恢复，在修补的过程中，原来的肌肉纤维慢慢变大，使肌肉纤维在下次训练时能够承受更大的重量，这就是肌肉增长的原理。所以想要肌肉增长，无非三点，一是锻炼，二是饮食，三是休息。如果一个不锻炼的人想纯粹靠使用类固醇等药物练出一身肌肉，那就是天方夜谭；而一个只锻炼，却不懂得做好基础饮食、合理摄入蛋白质的人，也很难让肌肉获得增长。

绝大部分人其实只要规律训练 1~2 年，并保证足够的蛋白质摄入，练出有线条感的好看肌肉并不难。

但在国内，能够保证一年以上规律训练的健身者并不多。绝大部分人更不明白蛋白质在日常生活中的主要来源是什么，也不明白食用米饭、食用肉类有什么本质区别。即使是经常运动的人，也不大注重肌肉的维持，不注重蛋白质的摄入，所以就一直没办法保持发达的肌肉。许多蛋白质摄入充足的人，往往是吃得比较多、体脂含量超标的人，也就是俗称的胖子……

即使是资讯如此发达的 21 世纪，依然有不少人会认为，欧美有许多肌肉发达的男人、翘臀细腰的女人，是因为他们的基因决定的，亚洲男性的体质很难练出一身的肌肉、亚洲女性的身体也练不出翘臀，亚洲人都很难拥有强大的力量和极佳的身体素质。

这完全是一个谬论！

我们不妨看看奥运会的举重项目。顶级力量赛事是最需要比拼基因的，但中国在举重项目上培养出了数十位世界冠军，并多次打破世界纪录，中国队占据了奥运会举重项目的半壁江山，每个中国的举重运动员都拥有一身发达的肌肉。而在力量举项目中，日本等其他亚洲国家的运动员也曾多次荣获世界冠军，这些足以证明黄种人在绝对力量上并不输于其他人种。至于健美健体赛事，由于发展年限较短，高水平选手一直不多，但就在这两年，中国职业卡选手的数量一直在增加，我相信，随着中国经济和健身行业的蓬勃发展，未来中国运动员必将在世界顶级的健身赛事中进一步大放异彩。

肌肉增长是一个长期的过程，它需要持之以恒地训练、控制饮食、适度休息。增肌是一个技巧性的项目，这个过程中有非常多需要注意的事项。比如如何用分化的训练方法、哪个动作刺激哪块肌肉、在瓶颈期如何快速突破、如何增加肌肉的围度、如何提升肌肉的耐力、如何加强肌肉的爆发力和力量等，这些都是在训练中我们需要知道的。

更关键的是，肌肉与脂肪不同，如果停止训练，肌肉就会慢慢减少。因为肌肉的主要成分是蛋白质，蛋白质的基础代谢率是脂肪的数倍。在食物匮乏的阶段，人类要以最小的代价去适应自然，在维持生活的过程中如果没有运用到肌肉，那么它就会很快消失，因为肌肉组织消耗的热量比一切身体组织都高。

有些人会问："我这样练会不会练成施瓦辛格那样啊？我好担心，我不想练得太壮。"

我总是会这样回复他们："不用担心，施瓦辛格可是多届健美冠军。你不会担心你自己随便练一下网球就可以拿到温网的参赛资格吧？你在开始打乒乓球的时候，会担心一不小心被选入国家队集训吗？你在开始打桌球的时候，会担心自己随便玩玩就打进斯诺克世锦赛然后夺冠吗？"

我们正式训练一段时间后，可能可以练出像彭于晏那样好看的八块腹肌，像陈意涵那样的马甲线，但没有 3~5 年以上的专业训练积累，以及规律的饮食、作息配合，是完全不可能练成施瓦辛格那样的。

在我们的小学、中学时期，体育课往往都被让位给了"数语外"，我们把学习生活的重心放在了中高考上，而无暇顾及体育、音乐、美术等与高考无关的学科。然而在欧美国家（特别是美国），在学校内受欢迎的大都是运动能力强的学生，而并非都是成绩好的"书呆子"。欧洲有许多国家的青少年都会在 15 岁左右开始适量的力量训练，防止生长阶段引起的脊柱侧弯、高低肩等问题影响体态。而 2012 年 4 月据美国体育用品制造商协会（SGMA）的数据统计显示，参与力量训练的美国人多达 3900 万人（这可能与很多人想象的力量训练者人数有很大的出入）。

社会因素、文化因素和教育环境，都导致了我国民众对于健身锻炼缺乏科学的认识。

目前并没有什么研究能够支持"中国人体质差"或是"中国人增肌难"这一观点。

根据我的七年的健身科普经历，以及线下 1000 多名学员的教学经验，我只认可这样的一句话："**以大多数人的努力程度之低，远远没有到要拼天赋的程度**"。这句话的意思是说：大多国人在体育运动中投入的时间都很少，一点儿也不努力，根本没有到需要去考虑"天赋"的程度。只有当你足够努力，投入了足够多的时间的时候，"天赋"才是需要考虑的因素。满分是 100 分的考试，天赋决定了你最终是考 95 分、99 分还是 100 分，但是努力却决定了你能不能达到 60 分及格线。许多人连 60 分的及格线都没有达到，就在怨天尤人，这就是"以大多数人的努力程度之低，远远没有到要拼天赋的程度"。

健身训练是一个循序渐进的过程，基因和天赋确实会影响到健身的效果，但是更重要的是你的训练方法、训练技巧、训练计划、饮食和休息等等因素。

决定你身材的，往往是两个身体成分：

1. 脂肪；2. 肌肉。

如果你的身体脂肪含量不高，你的胸部、背部、臀部又有比较多的肌肉，宽厚的肩膀、胸背部线条和圆润的臀型能够衬托出腰围的纤细，那你就离大众口中的"好身材"不远了。而这些因素都是后天可以改变的。（骨骼的大小、形态虽然也能够影响你的身材，但它在成年以后就基本定型了，非常难以被改变，所以就不做太多的考虑。）

公认的女性健美身材

天赋决定了你的上限，努力程度决定了你的下限。所谓的天赋，只有在健美比赛、健体比赛、力量举比赛、举重比赛等竞技项目中才需要作为资本拿出来。对于不参加比赛的普通人而言，基因、天赋、人种这些因素远没有大家想象得那么重要。那么到底**是什么决定了一个国家国民的身体素质呢？**我认为，还是该国家的**经济水平、周围的训练环境、饮食结构、文化氛围**决定的。

从饮食结构来看，1952~1977 年，中国人的食物消费以粗粮为主，大多数中国人营养摄入不足，此时中国人需要先保证生存，才能谈论健康；1978~1999 年，中国人的食物消费依然以素食为主，但已经进入了主食替代阶段，此时大多数中国人有足够的营养，但肉类消费较低，蛋白质摄入量也远低于发达国家。此时，中国人的生存已经得到了保障，但"国民身体素质"依然远不如发达国家，这与基因无关，营养摄入才是其中的关键性因素。1999 年至今，中国人的蛋白质摄入量稳步提高，大多数城市居民都能够每餐吃到充足的蛋白质。到了 2017 年，中国的人均肉和禽类的消费总量已达每年 35.6 公斤，是 1992 年的 1.6 倍（22.58 公斤），1978 年的 4 倍（8.86 公斤），1952 年的 4.9 倍（7.27 公斤）[1][2]。中国人比过去更容易购买肉类、更容易补充蛋白质、更容易增长肌肉、更容易获得强壮的体魄。如果进一步提高肉类的生产量和人均消费量，也意味着国民的身体素质更容易进一步提升。

从训练环境来看，在十年前，作为一个成年男性，我自学健身，迫于训练环境和训练知识所限，所以我从零基础到深蹲达到 100 公斤用了两年多的时间（那时候配备深蹲架的健身房并不多，训练深蹲的人更少）。而几年以后，我可以查阅大量的训练资料，可以与国内外顶级运动员接触、交流，可以不断地训练、学习，然后参加比赛。在 2017 年，我指导的女学员（体重不到 60 公斤）能够在 10 个月内完成 100 公斤的深蹲比赛成绩，男学员（体重 74 公斤）能在 1 年内完成 200 公斤的硬拉试举成绩，部分男学员甚至能在不到一年的训练里取得 2.5 倍体重的深蹲成绩和接近 3 倍体重的硬拉试举成绩（体重 72 公斤，深蹲 180 公斤，硬拉 210 公斤）。这些学员并不是专业运动员。这足以说明，在非职业运动员人群中，基因与人种是可以忽略不计的，训练方法远比天赋重要得多，同时也说明了，良好的训练环境和训练氛围会帮助我们取得进步，落后的训练环境会限制我们进步的速度。

从经济政策来看，2014 年国务院颁布了 46 号文件，要加快发展体育产业，至今不过 5 年时间，中国的健身行业几乎发生了翻天覆地的变化。成千上万个新型健身房和小型健身工作室如雨后春笋般冒出。各类的网络健身平台也层出不穷，帮助了无数人进行健身。越来越多国外的高水平运动员、体制内的高水平教练进入中国健身市场开始教学，许多一二线城市的健身房数量增加了 2~4 倍，能进行举重、力量举等竞技项目的健身房也越来越多，大环境越来越好，学习健身的门槛越来越低。

从文化氛围来看，中国传统文化中，崇尚的是知识、智谋，并不崇尚力量。对中国人来说，健身、力量训练本身就是舶来品。这几年健身训练的氛围越来越浓厚，健身的人群逐渐增加，大家也就慢慢开始接受健身、接受力量训练。

试想一下，从我们这一代开始慢慢努力，为我们的子孙后代营造一个足够良好的训练环境，那么我们的下一代从小就能够接触高效、科学的健身方法，避免许多健身的误区。只要这样持续下去，我们后代对于健身运动的理解，以及本身体质的强壮程度一定会比我们优秀许多。这种环境下，肯定就不会再有什么"人种决定论""基因决定论"的借口出现。

我很期待看见那一天。

第二节
一个典型中国女性的血泪减肥史

导入语： 一名减脂者在减脂这条道路上，会遭遇无数的误导、无数的人云亦云。

下面这个故事非常典型，我相信许多减脂人士能够从中找到共鸣。

"你别看我现在这样，高一高二时我体重也不过百咧。"王姐不好意思地笑笑。

王姐是我在健身房认识的朋友，每次来都能看到她在私教区做仰卧起坐，或在有氧器械上一边看综艺一边"运动"。一次回家的路上，我正碰上她接孩子回家。王姐说："你身材这么好，我真羡慕嫉妒恨。你家人是不是都瘦？我家就不行了，家里两大人一孩子加起来快四百斤了，怎么减也减不下来。"

一边过马路，她一边尝了口儿子手上的雪糕，"在健身房教练那儿交了不少钱也没啥效果……哎，不然你教教我？"

于是，就有了今天这次会面。

"网上那些减肥方法都是骗人的，我试过，全都没用。"她撇撇嘴，掰着指头跟我算。

"我上中学开始就一直在减肥，都减成行家了。中间也瘦过，但每次都胖回去，体重比原来还重。你看美国真人秀节目里那些减掉半个自己的大胖子，后来不都反弹了吗？所以我说，瘦人基因就是好，怎么吃都不长胖，像我这样的胖人，喝口凉水都长肉。"

"十五岁的时候，流行**空腹有氧**，我早起去操场跑步，一学期瘦了 4 公斤，可那时嫌自己还不够瘦，就学着班里最瘦的女同学不吃晚饭，终于从 55 公斤减到了 48 公斤。后来高三学习学得晚，消耗大，每天吃夜宵，高考完体重居然到 60 公斤，胖到老妈都认不出来。"

"上大学嘛，小姑娘都爱美。同宿舍里有个舞蹈队的妹子，让我运动的时候把腰和腿都**裹上保鲜膜**，她说她们队友都是这么减的，一周减五斤不是事儿。结果我皮肤过敏起红点，试了两次就没法继续了。"

"裹保鲜膜不减肥……出汗多只能掉水分，不是脂肪，掉水分不会让你体型更好看的。"我皱了皱眉头，"水分、腹内食物的重量、肌肉的流失都会让体重下降，但只有减掉脂肪才会让体型更好看。前者的流失或增长可能会在短时间内给体重带来很大影响，而后者，减脂是一个缓慢的过程。普通人一星期减半公斤脂肪的速度就已经很快了。"

"嗨，那时傻嘛。"王姐好像并不在意我的解释，而是继续说着。

"裹保鲜膜不成，我又试了市面上好多减肥产品，有的吃了拉肚子，有的吃了不想吃饭，有的吃了肚子贼胀，难受死了……都是开始有点效果，时间一长又没用了。"她报了几个鼎鼎有名的**减肥产品**、**瘦腿瘦腰**产品，有吃的，有抹的，有戴的，甚至还有电击类……

"大 S 的减肥秘籍、袁姗姗的马甲线攻略我也试过，掉体重效果好，不过我的教练说她们吃得太少了，不适合我。"王姐面露遗憾，仿佛教练是挡在她成为袁姗姗路上的障碍。

"你教练说得对，女明星的减脂饮食最好不要效仿，很容易营养不良、贫血、降低生活品质。"

"还容易反弹。"我看她对健康这一话题蛮不在意，就又补充了一句。

"吃得少确实不好，营养搭配的重要性我也知道，怀孕时候医生都教过。医生还说女明星那么瘦，体脂那么低，不好怀

空腹运动 常被减脂者认为是高效的减脂方法，但实际上该方法无助于提高热量消耗和脂肪代谢能力。而且在空腹情况下进行有氧，容易造成低血糖的现象。

裹保鲜膜运动 可以短时间内降低运动者的体重，但降低的多为水分，而不是脂肪。该方法会让运动者的体温升高，从而导致排汗量增加，但汗液只具有调节体温的功能，大量出汗并不代表就能够提高热量消耗。"裹保鲜膜运动"不仅不能够增强减脂效率，还具有一定的危害性，该方法会导致运动者体温升高，体内酶的活性降低，对减脂起到负面作用。同时运动者排出的汗液会阻塞在保鲜膜内，容易引起过敏、毛囊炎等问题。

减肥产品靠谱吗？ 市面上 99% 的减肥产品都未经过双盲测试，一些被实验证明为有效的减肥药也颇具争议，诸如左旋肉碱等知名减肥产品的可靠性至今未有明确定论。

瘦腿瘦腰产品靠谱吗？ 事实上，减脂无法只瘦某个部位，在减脂的时候，全身的脂肪是一个整体，我们只能全身上下一起瘦。只有风险和痛苦都极大的抽脂手术才能够帮助你"减少局部脂肪"。如果你在网络上看到哪个产品宣传可以"局部瘦身"，一定是虚假宣传。

间歇性断食 这一饮食方法确实为一部分运动员带来了不错的效果，也有减脂的作用，同时获得了一部分营养学家的支持。但这一饮食方法容易引起不良饮食习惯，有饮食紊乱历史的朋友需要谨慎选择；女性的激素分泌更加复杂，受环境影响也更大，而禁食则可能引起或放大这些问题；如果之前没有采用过"间歇性断食"方法的运动者，突然采用该方法可能影响健身者的运动表现，因此不适合频繁进行高强度训练的运动者，最初尝试"间歇性断食"时最好也不要在降低热量摄入的同时增加训练量；同样不适用于因工作原因有固定进食时间的（学生、固定工时的上班族），或进食时间无法自己掌控的人群（医生护士）等。简单来说，如果真要采用间歇性断食法，最好对其背后原理、操作方法、效果、可能有的副作用都先做好全面的了解。

低碳饮食 的典型代表是阿特金斯食法和生酮饮食法。生酮饮食最早被用于治疗癫痫病。极高脂低碳的饮食结构会导致肝脏将脂肪转换为脂肪酸和酮体，当血液中的酮体达到一定程度时，能缓和癫痫的频繁发作。后来被用于减脂之中。严格的阿特金斯饮食法要求人们一天只能吃 20~70 克碳水化合物（一个中等大小的苹果中就含有 20 克左右的碳水化合物），蛋白质与脂肪摄入量较高；生酮饮食则一般要求人们一天只吃 50 克以下的碳水化合物，或碳水供能比例不超过总热量的 10%（对于热量摄入少的人来说，能吃的碳水化合物比 50 克还要少），蛋白质摄入量适中，脂肪摄入量高。可以肯定的是，越极端的饮食就越不具有可持续性；而普通人在实行该饮食法时可能缺少正确指导，就更难将其坚持下去。运动者若要实行该饮食方法，最好先有一段适应期（相对低碳高脂），再实行极端的低碳饮食法，以尽量使运动能力不受明显影响。

原始人饮食法 的创始人 Loren Cordain 认为：在农业还不发展的旧石器时代，原始人类过着狩猎采集的生活，平日生活中，他们需要大量运动，采集浆果，打猎捕鱼，他们的食谱中没有奶制品，没有现代的精加工食品、果汁、谷物与豆类，因此他们都强壮健康、运动能力好，不像现代人臃肿迟钝，运动能力差。

简而言之，"原始人饮食法"的宗旨就是：要收获健康，就要重回"人类祖先的饮食习惯"——原始人不吃的东西，你也不应该吃。听上去简单，可这意味着拒绝一大批现代生活常见的食物（包括谷物豆类、乳制品及一切精加工食品），主要以新鲜蔬果、鱼肉蛋为主，可以吃坚果和种子类食物。

该方法对于被精细米面、乳制品、谷物包围的现代人来说，非常难以操作，该方法不太符合中国人的饮食习惯。

采用低 GI 饮食 并不能从根本上提高热量差。低 GI 食物通常都饱腹感较强，吃同样质量的食物，低 GI 食物的热量更低——这才是低 GI 食材被广泛运用于减脂食谱中的根本原因。但如果减脂者未能严格控制热量摄入，采用低 GI 饮食也无济于事。

孕，怀孕时候还要注意体型、节食什么的，对母婴都不好。"她附和道。

我趁机给她科普："那你知道节食女性营养不良的发生率有多高吗？饮食不均衡损害身体健康，又会造成什么后果，你都知道吗？"

"知道！就是我的血泪史嘛！"王姐突然提高了声调，"大学毕业，尝试了那些乱七八糟的减肥产品、减肥方法以后，我还是发现不吃饭最有效，就去试了过午不食。那个方法现在也可流行呢，换了个名字叫**间歇性断食**。还挺好听的。"

"结果呢？"我问道。

"照样反弹嘛！毕了业到处找工作，压力那么大，越不能吃就越想吃，看到包子油条根本忍不住，我原来还不喜欢吃这些东西呢！最后也以失败告终。"

"您这是激进节食导致的不良饮食行为，所以应该……"我答道。

"这还没完呢，你们健身人士不是还老说**低碳、生酮**嘛，什么**原始人饮食**，不让吃包装食品，只能吃自然的食物；**低 GI 饮食**、素食……那些我都试过呀！"王姐还不等我说完，又讲出许多大词。听到这么多大词，我有了不好的预感……

"那些都是啥嘛！首先就是生酮，健身房里腰最细的老妹儿给我推荐的，她说她不吃碳水一年了，就是靠这个方法减下来的，现在也没反弹。我想不就是开头难受点儿嘛，头晕眼花的低碳反应，习惯了就好了，"

"然后就是原始人饮食！听着可好了，

吃人类祖先吃的食物，是人类在进化过程中最符合人类的习性，可不让喝牛奶不说，乳制品、食物油也不能吃，所有包装食物都不能吃，这让我怎么活嘛！我是现代人，又不是原始人！"

"这些饮食方法都有好有坏，也有适宜人群，你不能这么说……"我说道。

"哎呀，最健康最普遍的那个不就是**水煮鸡胸肉、西兰花和红薯糙米饭**嘛！我最早试的就是它！我一个健身的同事就这么吃，别人叫外卖、下馆子，他不去，自己在家备餐，必须得参加的聚会就带着饭盒去。我看人家六块腹肌保持得那么好，就学着一起做……可是呀，这种做法也就适合单身的人！工作了，应酬得去吧？结婚有了孩子，生活这么忙，没时间备餐；累了一天了，看到白水煮青菜也没胃口……"王姐叹了口气，"还得少食多餐，拎着三四个饭盒挤地铁，也不方便呐。"

"王姐，科学合理的饮食不只是水煮鸡胸肉……"我说。

"反正好好控制饮食我是做不到了，太难了，不适合我这种普通人。"王姐再一次打断我。

"那好吧，那我们再来说说训练吧。"我只好转移话题，"您这么多年的减肥史，都尝试了哪些训练呢？"

"跑步、登山、攀岩、拳击、瑜伽、普拉提，室内室外、贵的便宜的、暴力的温柔的都试过呀！就差去学钢管舞了。运动服买了一大堆，钱是花了，也都没坚持下来……私教课上了三个月了，也……"王姐讪讪地笑道，又补充说："瑜伽不减肥，这我知道，因为消耗太少了，做完了也不出汗，普拉提也是。登山、游泳、慢跑这些低强度的运动减得也慢，好几个月才能出效果——这我也知道。可你们不都说力量训练减肥好吗？我去健身，刚开始是瘦了一点，可马上又回去了，体型跟原来没啥区别呢。"

"力量训练不一定能减肥，游泳、慢跑这些低强度有氧也不一定就能减肥——减肥关键是热量差呀，只要能持续创造大热量差，消耗得比摄入得多，运动种类不重要。"我开始对王姐失去耐心……

这是健身者常在网络上晒出的饮食方案，减脂者也可以选择其他的食材作为饮食方案。如果长期选用单一食材，不利于坚持。

"你说这些我都懂呀，可为啥这力量训练，我付出了那么多，却也没效果呢！"王姐也急了。

"我刚进健身房那时候你还没来，那阵子我先上私教课，上完课做 40 分钟有氧，最后还去上个动感单车课。坚持了半个月，瘦是瘦了。但这么运动太费时间了，工作、家务都顾不上，等我去照顾工作、家里事以后，体重又回去了。"

"教练说我开始时运动量太大，损害了身体的基础代谢，现在就算运动了也事倍功半。"

"这就有点危言耸听了，您减不下来肯定不是因为活动太多了。"我回答。

"我每天就做你们健身的人做的那些呀！器械练背练腿什么的，我不偷懒。不信你可以去问问我教练。"王姐朝健身房办公室的窗口那儿招手，走出来一位臂围能有 45 厘米的壮汉。

"王姐减肥的热情挺高的，就是吧……"林教练招呼王姐先去拉伸热身，随后跟我说。

"劲儿没用对地方吧？"我猜。

"对呀！空腹有氧跑出低血糖，力量训练完还去上动感单车课；爬楼梯机爬三个小时……上次听人说 HIIT 减脂效果最好，吃了晚饭就在跑步机上狂奔，差点没把西红柿鸡蛋汤全吐在器械上。"林教练心有余悸地说，"器械弄坏了不要紧，人受伤了咋办呐。上司都让我看好王姐，别让她自个儿乱练了。"

"哈哈……"我一时没忍住，笑了出来。

"那平时上课，你都让她做些啥？"

"王姐自己有主见，想出腹肌就可劲儿练腹肌。让多做复合动作，她嫌伤腰，非不听。练手臂也不愿意负重，都是被微博上什么自重瘦手臂的视频洗脑了。"

"那毕竟是维密秘籍啊，维密都用的东西，能不好嘛。"我揶揄道。

"唉，我也只能多找些正面例子给王姐看了，就怕她从这些例子里再找到些异端……比如我给王姐推荐《量化健身》，挺好的一本书，就是因为上面经常写要'有争议'、'分情况讨论'、'个体有差异，不能照搬'，被她一阵猛批，我都害怕给她上课了。"林教练吐露了心声。

"王姐人挺好，热心肠，就是人太轴，太急躁。"我拍拍林教练的肩，表示理解。

"可惜减肥是个考验耐心的活呀，也不知道她啥时能明白。"

第三节
一个非典型中国男性的增肌之路

导入语： 一名增肌者在增肌这条道路上，会遭遇无数的误导、无数的人云亦云。

下面这个故事非常典型，我相信许多增肌人士能够从中找到共鸣。

　　小赵是一名大学生。他身高 178 厘米，体重却只有 60 公斤。二十年来，他一直渴望变得更加强壮。

　　抱着变壮的心态，小赵踏入了健身房。但是，琳琅满目的器械：跑步机、杠铃片……让他不知所措；浑身肌肉的壮汉、肌肉线条优美的小姐姐们让他感觉到自卑。他不懂健身，他只能看着别人做什么，然后小心翼翼地模仿着。

　　"这好像是个练腿的器械，来，我试试看。"

　　"这好像是个练腹的器械，来，我试试看。"

　　"这貌似是练手臂的。"

　　……

　　就这么练了二十来天，小赵却发现似乎没什么变化。他每天都称量体重，希望数字变得更大；他每天都照着镜子，希望肌肉能够变得更大。然而确实没有什么变化。

　　迫不得已，小赵就去健身房买了 50 节私教课程，希望教练能够帮助他实现变强壮

八块腹肌说的就是腹直肌，每个人都有腹直肌，只是大多数人由于身体脂肪较多，遮盖住了而已。腹肌是否显露与身体脂肪的比例有关系。如果一个人一直练习卷腹等腹部训练动作却无法练出腹肌，那不妨换个方向：通过减少身体的脂肪让腹肌显露。有"八块腹肌"并不代表一个教练的训练水平和理论水平，它只能代表该训练者体脂较低。

固定机械训练与自由重量训练。杠铃、哑铃动作的学习难度确实高于固定器械动作，因为固定器械的轨迹都是设定好的，只要健身者坐在器械上就能够完成动作。一旦健身者还没有学会徒手的动作就开始使用杠铃、哑铃，的确容易受伤。

这样一来，就有不少所谓的"专家"宣称新手应当用固定器械进行训练。但我坚决反对这种训练思路，很多"专家"给出这样的建议往往只是因为这些"专家"无法在短时间内让普通人学会基础的自由重量训练动作，只好给出退而求其次的建议。但本书会协助你快速地学习这些动作，剖析这些动作中的每一个细节。如果你是在掌握了这些动作之后，才进行杠铃、哑铃的负重训练，那么受伤的风险是非常低的。

自由重量训练动作是人天生会、也天生就应该掌握的动作模式，它不仅能够更好地协助健身者建立身体的协调性、也能够更好地刺激到身体的深层肌群。固定器械训练忽视了深层肌群的练习，固定器械限制住了杠铃轨迹，所以用它进行健身，你只能够强化浅层肌群——你的力量越来越大，但相对而言，你的稳定能力却没有任何提高，甚至可能还进一步被强大的外部肌肉所抑制，你的稳定性越来越差。这是长期只练固定器械的坏处。如果新手一开始就采用器械训练，然后才去学习自由重量训练动作，这些新手会受到固定器械的影响，他们会以为固定器械那种不自然的发力方式才是真正的发力方式，从而使得他们学习自由重量训练动作的时间变得更长。

无论从何种角度来说，健身初学者都应当优先学习深蹲、俯卧撑、剪蹲、罗马尼亚硬拉、划船等自由重量训练，在掌握了这些基础的动作之后，再考虑器械训练。

延迟性肌肉酸痛并不是衡量训练效果的唯一指标。关于肌肉酸痛和训练质量的内容具体在本章第五节中有详细讲解。

肌肉在没有出现"延迟性酸痛"的情况下也能够增长。"延迟性肌肉酸痛"通常会在健身者采用不熟悉的计划、不熟悉的动作，做了大量离心训练的情况下出现。

"想要增肌就必须不断地加重。"事实上这种说法比较片面，通过增加训练容量、缩短组间歇时间、增加动作持续时间，都能够对肌肉有正向作用，这一内容在本章第四节和第五章第一节有详细讲述。

徒手训练和负重训练没有本质的区别，他们都是抗阻训练，做功的方式一样，参与的肌肉一样，供能系统也一样，它们的区别只是有些商业机构为了包装概念而特意做的噱头。只是通常来说，采用杠铃、哑铃等器械，健身者能够更精确地加重、进阶。

的梦想。安排给小赵的教练虽然不壮，但却有着"八块明显的腹肌"，这让小赵觉得教练非常厉害！教练告诉他："新手训练的时候应当多考虑固定器械训练，而不是考虑自由重量训练，原因是自由重量的学习难度较大，同时受伤风险也较高。"小赵觉得这话有道理，所以从来都没有用哑铃和杠铃进行过训练。

在跟着教练锻炼的过程中，小赵才明白，原来那些非常厉害的健美冠军在健身时，都是采用"分化训练"的方式进行增肌的。一次只练一两个部位，一周会把全身的肌肉都练过一轮。比如周一练胸、周二练腿、周三练背、周四练肩、周五练臂。在教练的指导之下，小赵每次练完之后，相应的身体部位就会酸痛很多天。酸痛让他痛苦，但也让他快乐。因为教练告诉他"肌肉酸痛就说明你这次训练是有效果的"。小赵觉得确实如此。三个月过去了，他能够感觉自己在不断的肌肉酸痛中，变得更加强壮了。小赵的教练是刚入行的，因此对教学充满了热情，他会告诉小赵"肌肉只有酸痛才能够长大""想要增肌就必须不断地加重""徒手训练根本练不出肌肉"，小赵深以为然，因为他以前做了很久的俯卧撑，也没有长出肌肉。

小赵慢慢地掌握了健身房训练的逻辑，跟着教练健身的过程中，他也能看懂健身房的其他人在练些什么了："那个老大哥天天都在练腿""那个姑娘每次来都要练臀，然后练个背就走人""这个男生最喜欢练胸，一周要练三次卧推"。

小赵跟着教练练了几个月，肌肉确实涨了不少，更重要的是，他也和教练一样，练出了清晰的"八块腹肌"，体重也从 60 公斤增加到了 65 公斤。小赵从未如此自信过，他有种可以掌控自己身体、甚至掌控自己人生的感觉。这几个月他学到了不少，大概也能够明白健身计划是如何制订的。于是开始走上独自训练的道路。

跟着之前教练的计划模式，自己又练了几个月。一开始的时候，确实还是有进步的，但是慢慢地，小赵发现自己训练的重量加不上去了。体重也跟着停滞再也没有上涨了。小赵开始急了。他回去问他的教练，他的教练却让他继续买课。可是小赵没有钱了。

小赵只能上网"求助"。

受益于网络的普及，他看了很多网络上的健身文章和健身视频，他发现，网上很多免费的健身科普内容居然比教练教的还要细致，但也有不少科普内容和他的教练教的是相悖的。

小赵感觉到困惑。网络上不少科普文章说：

"健身练出来的都是死肌肉，根本打不过拳击手"。

"健身如果不练深蹲，就等于白练"。

"健身者不应该练固定器械，而应当优先练自由重量"。

"一个男人如果做不了 10 个单腿深蹲，就根本称不上健身者"。

"健身入门的标准是深蹲 200 公斤，卧推 150 公斤！"

"没有核心稳定训练的健身是不完整的！"

小赵越来越困惑。他开始尝试网络上的那些训练方法。有的效果不错，有的毫无效果。

小赵从网络上学会了一种叫作"德国壮汉训练法"的计划，写这个计划的作者认为"训练量只要越大，增肌效果就越好"，所以就是把一个动作练习 10 组 10 次，增肌效果肯定比 5 组 10 次要好。小赵认为这个逻辑没问题，就开始了训练，然而练着练着，就练不动了。因为"10×10"真的太累了。

此时小赵的体重已经上升到了 70 公斤，虽然还是很瘦，但比之前的"骨瘦嶙峋"要好太多了。就是进步慢了一些。

在自己一个人瞎琢磨的过程中，小赵认识了另一位经常在健身房训练的"老大哥"。老大哥每次都来健身房练腿，风雨无阻，已经三年多了。老大哥告诉小赵，用小重量做"10组10次"其实并没有什么意义，**肌肉只有在大重量下才会增长**。教育完他，老大哥转身就给他演示了150公斤的杠铃卧推和200公斤的深蹲。"罗尼·库尔曼和施瓦辛格都只用大重量训练，我也是"，老大哥如是说。小赵震惊了，他没有想过居然有人可以用如此大的重量进行训练。不过老大哥体脂高得很，也没有"八块腹肌"，这让小赵突然意识到原来"八块腹肌"并不是什么"资深健身人群"的标志。

在和老大哥接触一段时间后，小赵学到了非常多从来没有听说过的训练技巧。比如"5×5训练法""力量举""泽奇深蹲""保加利亚分腿蹲""**西伯利亚饿狼减脂法**"等。而这些训练技术的名称越来越长，使得小赵每次和老大哥对话起来都更困难了。比如小赵问老大哥今天下肢练什么的时候，老大哥可能会说："今天我们练**保加利亚分腿泽奇抱杠行走深蹲**"。

小赵听完之后从来都没明白这到底是分腿蹲还是深蹲还是行走，只是每次练完之后，他都会有一种天下无敌的且神秘的兴奋感，这种兴奋感贯穿在他和老大哥交流的整个过程。小赵感觉到了自己的进步，但是他又说不上来进步在哪儿，但是他确定他在进步，在小赵看来，这就是老大哥的魅力，能让自己变得前所未有的强大，至少，是心理上的。

可惜，好景不长。小赵在一次极限硬拉中，腰椎受伤了。

这次受伤让小赵进行了深刻的反思。他觉得自己太人云亦云了，很多健身的内容都是别人说什么，自己就做什么，自己并没有懂得背后真正的原理，就开始训练了。于是他开始参加健身教练培训，开始自学大学的运动学教材。开始通过科学的方法，了解增肌的关键。

增肌并不一定需要堆积很高的强度。训练强度控制在自己极限重量的 50%~80% 的区间，就能够较为有效地增肌。更大的重量虽然也会增长肌肉，但并不适合想要增肌的人长期使用。

事实上，这个方法是虚构的。

事实上，这个动作并不存在。

第四节
减脂与增肌的关键

如果你也曾减过肥、增过肌，看了王姐和小赵的故事，你一定多多少少也有共鸣吧？如果王姐和小赵能够早一些理解减脂和增肌的关键，他们就不会在错误的道路上越走越远了。

一、减脂的关键

简单来说，减脂的关键就是"持续的热量赤字"。

如果你每日消耗的热量（即运动的热量＋基础代谢的热量＋日常活动消耗的热量＋食物热效应消耗的热量）大于你摄入的热量（饮食的热量），那么你的身体就会消耗脂肪。如果这个热量赤字能够一直持续，你也就能够慢慢地瘦下去。减脂不是一个瞬间完成的动作，**减脂是一个长期、持续的过程。**瘦1公斤和瘦10公斤花费的时间是完全不同的。

前文中的王姐，采用了空腹有氧、裹上保鲜膜运动等方法，使用了瘦腰膏、瘦腿袜等产品，实际上这些产品都不能够提高"热量赤字"，对减脂也就没有帮助。而她后来采取的过午不食、间歇性断食、低碳、生酮、原始人饮食又没能考虑到自身是否能够持续的问题。再后来王姐开始用运动的方式健身，却又没能规律训练，经常三天打鱼两天晒网，没办法持续地为身体增加热量消耗，持续的"热量赤字"也就难以形成。

对人类来说，脂肪是非常宝贵的资源。进化过程中，人类一直处于食物短缺状态。你的身体时刻待命，为你囤积脂肪，应对随时到来的饥荒，所以减脂等于和你的身体本能做斗争。当你的身体感觉到压力、感觉到脂肪逐渐被减少的时候，它会倾向于让你降低热量消耗、提高热量摄入，它倾向于让你在能够获取食物时，摄入量更大一些。

因此，如果你想要"长期保持热量赤字"状态，你需要在减脂时注意以下内容：

1. 你需要选择能够造成热量赤字的减脂方法。

2. 你需要选择容易坚持的减脂方法。

3. 高热量赤字（每日热量赤字大于 500 千卡$^{\ominus}$）的减脂方法通常不可持续，在采用此类方法时，需要注意减脂结束后的"体重维持"工作。

4. 你需要考虑"多种减脂手段交替进行"，而不是长期采用一种减脂手段——这可以帮助你避免遇到减脂平台期。比如减脂初期通过"饮食控制"成功降低了体脂，但之后就陷入停滞状态，此时就可以考虑采用运动的方式进行减脂，或者采用"运动+饮食控制"的方式进行减脂。此处需要注意的是，减脂者不能频繁更换减脂手段，一种减脂手段应当至少执行 4 周。

5. 你需要对"脂肪的合成和代谢过程"有深刻的理解。在本书第七章第一节，详细地讲述了脂肪在体内是如何合成和分解的。

二、增肌的关键

增肌的关键相比减脂要复杂一些，它需要达成三个条件：**热量盈余，蛋白质摄入和训练压力**。

热量盈余，简单来说，就是你每天摄入的热量要大于你消耗的热量。只有热量盈余了，才有可能进入到合成代谢的状态。合成代谢是一个生物体把获取的营养物质转变成自身的组成物质，并且储存能量的变化过程。想要增肌，也只有在这个前提下才能进行。

但是如果你只是考虑热量盈余，还不能够让你变壮。当代社会实际上是营养过剩的社会，想要吃足够的热量其实并不难。我们在热量盈余的基础上，还需要考虑第二个条件，就是充足的蛋白质摄入，如果你摄入的营养素都是脂肪和碳水化合物，比如你吃了很多的米饭、喝了很多的汽水、吃了很多的蛋糕，那么最终的结果也就是你从一个瘦子变成了一个胖子，你增加了很多脂肪，而不是肌肉。

$\ominus$ 编者注：1 千卡 =1000 卡 ≈ 4186 焦耳。

所以我们需要在蛋白质摄入充足的前提下，再考虑热量盈余的问题。如果本身蛋白质没有吃够，即使做到了热量盈余，也只是增肥，而不是增肌。

那么吃多少蛋白质算是够量了呢？本书第八章详细说明了增肌者每公斤体重蛋白质的摄入量应在 1.5~2.0 克为佳，即 60 公斤重的人，应当摄入 90~120 克的蛋白质。

第三个需要考虑的因素是训练压力。在本书第二章我们会探讨"超量恢复"这个概念。"超量恢复"告诉我们，身体素质只有在被施加了压力的情况下才会增长。如果你想要增肌，你就需要对身体施加压力，你的身体才会告知你的大脑，你需要增加肌肉了。在训练中，肌肉增长的驱动力与三个因素有关系：力学张力、代谢压力、肌肉损伤。

1. 力学张力（Mechanical tension）。力学张力通常与你在训练中承受多少的重量、持续了多少时间、完成的动作幅度有关系。100 公斤的重量就比 20 公斤的重量产生的力学张力要大，也就更容易增肌。全程的卧推动作就比半程的卧推动作产生的力学张力要大，也更容易增肌。

2. 代谢压力（Metabolic stress）。代谢压力的主要来源是"肌肉细胞在运动过程中进行无氧糖解所产生的产物"，包括了乳酸、氢离子等物质，这些代谢废物会通过一连串分子路径去告诉肌肉细胞，你应该长大了，好去适应这些代谢压力。代谢压力与组间休息时间、训练的时间有关，同样都是卧推 60 公斤、3 组、10 次，组间休息时间 2 分钟和组间休息时间 1 分钟相比，前者的代谢压力较小，后者的代谢压力较大，所以后者更加容易增肌。同样的重量下，"慢速卧推"就比"快速卧推"持续时间要久，产生的代谢压力要大。再比如说，将 20 组卧推安排在 2 次训练中完成，和安排在 4 次训练中完成也有很大不同，前者代谢压力大，后者代谢压力小，因此前者更容易增肌。

3. 肌肉损伤（Muscle damage）。肌肉损伤和训练的容量、离心收缩的时间、次数，有关系。你做更多的次数、更多的组数，通常就会有更多的肌肉损伤，但是需要注意，肌肉损伤需要在一定范围内，如果损伤太多，会影响恢复，甚至会产生伤病。

想要增肌，简单来说，你需要有更大的力学张力、更多的代谢压力、合适的肌肉损伤，你需要不断地刺激自己的身体进行超量恢复。这样你的大脑才会知道你的肌肉需要增长。

我曾经遇到很多瘦弱、想要变强壮，但却没有胃口的增肌者，为了增肌，他们会强迫自己大量进食。但这是没有用的。如果你的身体没有感受到力学张力、代谢压力和肌肉损伤，你的大脑就不会接收到需要增肌的信号，你也并不需要变得更强壮来对抗不断增加的训练压力。这么一来你吃再多，也不会长肌肉。

因此，热量盈余＋充足蛋白质摄入＋训练压力，就是增肌的基本条件。

合适的、持续的训练压力，就像是发动机；充足的蛋白质和热量摄入就好像是汽油。如果只有汽油，汽车不会启动。只有通过训练启动了增肌的"发动机"，再加入"汽油"，你的肌肉才会逐步增长。

第五节
抛弃二元化的健身思维

你会在网络上、书籍里看见各种各样的健身观念。这些观念大相径庭，甚至完全冲突。比如有节食减肥成功经历的人会说："饿就能减肥，不饿就瘦不下来。"可又有无数的科普文章告诉你："挨饿不健康，不挨饿的减肥才健康。"

比基尼女选手会说："多做力量训练增长肌肉能增加每日消耗，从根本上解决长胖问题。"可维密模特却说自己的瘦身秘诀是拳击和瑜伽。

崇尚街头健身的人可能会自豪地说："徒手训练才实用，大重量练出的都是死肌肉，连个单手引体都做不了。"；健身房里的壮汉却说："我能一只手对付一个练'街健'的，卧推做组，他行吗？"

力量举训练者可能会说："杠铃动作才有价值，固定器械没有用。"

教练上课时，可能还有这样的论调："大重量低次数增力，中小重量高次数增肌，所以不想练大块肌肉，就选后者。"然而又有力量举纪录保持者和运动员告诉你："'5×5'的增肌效果比'4×10'强多了。"

有人认为："训练完第二天肌肉酸痛才有效，否则就白练了。"也有人相信："一定不能练太过，每次都要留些余地才好。"

……

新手总是会遇到看起来相互对立的观念、完全矛盾的训练方法，不知所措。但其实，这些观点都有自己的"适用范围"，彼此并不算完全对立。作为一个严肃的健身者，应该抛弃"二元化的健身思维"，建立科学严谨的健身观。

注：二元化思维指的是人们在思考或解决问题时，只从"是"或者"不是"，"对"或者"错"这种简单的二元方式寻找答案。

减肥中常见的二元化思维

减肥中常见的二元化思维，总是非黑即白地认为"只有某个运动才能减肥"。以下就是一些常见的说法：

"无氧训练才减肥 vs 有氧训练才减肥"

"力量训练才减肥 vs 跑步训练才减肥"

"瑜伽能减肥 vs 瑜伽不能减肥"

真相是：哪种运动都能减肥，不同运动种类只是增加消耗的一个途径，运动强度、持续时间也是重要的决定因素。

人体有三大供能系统：

1. 进行非常剧烈、持续时间 30 秒以内的运动时，主要由磷酸原和糖酵解系统供能；

2. 进行中高强度、持续时间 30 秒到 3 分钟的运动时，主要由糖酵解和有氧系统供能；

3. 进行低强度、持续时间大于 3 分钟的运动时，则主要由有氧系统供能（脂肪的氧化即在其中）。

这三大供能系统实际上时时刻刻都在进行供能，只是所占的比例不同而已。

有氧运动和无氧运动的区别，主要是供能系统和强度的区别——强度很大、供能系统中没有氧气参与，则可以认为是无氧运动；反之就是有氧运动。足球、篮球和常见的力量训练动作（如深蹲、俯卧撑等）都算是无氧供能为主的运动。

高强度间歇训练（HIIT），强度高，但不能持续时间久，这适合时间紧迫的减脂者，减脂效率高，因此被称为"能够减肥的运动"；与此同时，一些运动强度太低，就算做两三个小时也不能消耗多少热量，如瑜伽，所以人称"不能减肥的运动"。另一些运动如慢跑、登山，它们虽然运动强度为中低强度，但若持续时间长、坚持次数多，还是能消耗可观的热量，因此有人认为它可以减肥，有人认为它不行。上述这些说法简单粗暴，并不准确，虽然满足了不爱思考的初学者的需求，却容易将人引入歧途。前面说了，要创造热量赤字，可以增加消耗，也可以减少摄入，因此运动只是一部分，合理的饮食搭配和控制热量摄入，才能创造热量赤字，如果运动同时，吃得更多，那就会事与愿违，无法达到减肥的目的。

所以减脂者不应该将运动项目划分为可以减肥和不能减肥两类。而应当抓住减脂的两点本质：热量赤字和可持续性，那些自己能够持续运动，同时又能够产生不错热量消耗的运动，就是适合减脂的运动。

动作选择与训练体系的二元化思维

在健身训练中，经常会有人问：徒手训练好还是器械训练好？是不是器械只能练出不实用的"死"肌肉？徒手可以练出实用的"活"肌肉？

真相是：徒手动作或负重动作只是名字上有所区别，其训练本质是一样的：都是无氧供能系统为主的抗阻训练。健身者应当二者结合取长补短，而不是偏重一方，排斥另一方。

如今有些书籍和文章大肆吹嘘健身房的不可替代性，贬低徒手训练的价值，强调大重量、高强度训练；又或者告诉你健身房的训练都是错的，应该去练他们的"失传已久的技艺"，比如单手俯卧撑、单手引体、单腿深蹲等等。我认为，这两种思维都过于极端，如果你有条件使用器械，那么完全可以采用负重动作和徒手动作一同进行训练；如果你没有条件使用器械，那么完全也可以采用徒手的方式训练。

其实，二者根本不应对立。如果你完全放弃使用力量训练器械，只用自重的方式进行健身，意味着你很难量化地去制订训练计划和增加训练负荷，你很难为自己的动作增加一个像是1公斤或者5公斤的这样足够精确的强度负荷，也少了很多动作选择，比如哑铃侧平举、杠铃推举、杠铃卧推等动作，你也不能让自己进行100公斤以上的杠铃深蹲、杠铃硬拉的训练，也就意味着你选择了一条更加困难的训练之路。

我们要让训练动作为自己的训练目的服务，而不是相反，被训练动作或者环境限制了自己的训练。如果哪个健身者宣称徒手训练动作一定好于器械训练动作，或者器械训练动作一定好于徒手训练动作，那我觉得可能是他对于训练的理解有问题。

在我的训练体系中，训练中所使用的动作既要在日常生活中能够运用，解决日常生活中肩颈腰背疼痛问题，又能够提高竞技体育中的基础力量、耐力、对抗能力，同时还能兼具挺拔身材、塑形的作用。因此，在我的训练体系里，深蹲、剪蹲、俯卧撑、划船四个徒手训练动作会作为基础的训练动作练习。这四个动作也用于考察学习者的动作模式有没有问题。杠铃深蹲、杠铃卧推、哑铃卧推、杠铃硬拉、杠铃划船、杠铃推举、哑铃推举等动作会作为基础的力量训练动作，和前面四个徒手动作相辅相成。确实只练徒手或者只练杠铃都会有效果，但是两个都练效果会更好。

增肌中的二元化思维

我们经常会在健身房听到这样互相排斥的观点：

"增肌只能中小重量高次数，大重量是练力量的 vs. 大重量才能出明显效果，中小重量高次数没用"

真相是：无论是"中小重量高次数"还是"大重量低次数"，都能有效促进肌肉增长，二者并不是相互对立、相互排斥的关系。

从增肌的角度来看，前者更加侧重从"容量"方面提高代谢，后者更加侧重从"强度"方面提高力学张力。但又不仅如此，这还涉及动作安排、组间歇、动作技术、后续进阶策略等各种与训练有关系的变量，使得这两者的对比不仅仅是"强度"和"容量"这么简单。

在动作安排上，高次数训练可以加强本体感受、帮助强化动作模式，作为训练收尾很不错，也适合用于固定器械动作和单关节动作；而大重量的训练更适合用于复合动作上，大重量复合动作能提高神经系统的适应性、增强绝对力量和爆发力。

在组间歇安排上，高强度往往对应着更长的组间休息时间，如果休息时间长达5~10分钟，由此产生的代谢压力可能并不会比"中小重量"的训练产生的大，因此增肌效果未必好；但如果训练者有意识控制组间休息时间，训练效果又会有很大不同。

与此同时，只做高次数，可能导致容量过高、强度不够；只用大重量，又很容易遇到瓶颈，给神经系统带来过大压力。所以，我们并不能简单判断"中小重量高次数"还是"大重量低次数"更好。

严谨的训练者会同时考虑这两种训练思路，在某一阶段选择其中一个适合自己的方式进行训练；在另一阶段，再选择另外的方式训练。

从迁移效果来看，"高次数中小重量"和"低次数大重量"都能够促进增肌，只是前者在增肌的同时更侧重肌耐力的强化，后者在增肌的同时更侧重绝对力量的强化，具有专项需求的训练者可以根据自己的需求选择合适的增肌方式。

肌肉酸痛的二元化思维

肌肉酸痛是一个被很多人讨论的问题，健身房内有时候也会听到这两种不同的说法：

"训练后第二天肌肉酸痛才是王道 vs. 一定不能出现肌肉酸痛"

真相是：理解了肌肉酸痛的成因后你就会发现，训练后肌肉是否酸痛与肌肉能否增长关系不大。

肌肉酸痛分为两种：一种是在运动时和运动后马上就产生的肌肉酸痛，可以称之为急性肌肉酸痛。如果你平常做俯卧撑，就不难发现你的大臂后侧肌肉（肱三头肌）与胸肌在运动时很容易出现肌肉酸胀的现象；如果你做仰卧起坐或者卷腹，也不难发现你的腹部（腹直肌）在运动时很容易出现肌肉酸胀的现象。这就是急性的肌肉酸痛。这种肌肉酸痛可以简单地认为是由于血液的氧气不足，代谢的产物无法完全反应，最终产生了乳酸和氢离子。由于乳酸和氢离子的堆积，再经过一系列反应，最终导致肌肉收缩能力减弱，并遏制供能系统的供能，使得你无法再通过肌肉收缩完成下一个标准动作——这是身体的自我保护机制。乳酸和氢离子一般在停止运动后一小段时间就会从身体里完全清除干净，所以急性的肌肉酸痛不会持续太长时间。这种肌肉的酸痛与增肌有关，增肌者通常会选取 8~15 次的每组训练量，练到肌肉有强烈酸胀感时停下，此时肌肉受到代谢压力刺激，有利于促进肌浆肥大，从而协助肌肉维度的增长。但如果健身者的训练强度很小，即使出现了急性肌肉酸痛，也并不会增加肌肉。

另一种则是具有延迟性的肌肉酸痛（DOMS），这也是最常被增肌者所讨论的酸痛现象。这种酸痛一般是会在你运动后的 24~72 小时内达到顶峰，刚训练完不怎么酸痛，但第二天、第三天训练部位非常酸痛，有些人甚至会持续 4~5 天。关于"DOMS"，学界仍然有很多争议，有许多关于延迟性肌肉酸痛的理论，比如肌肉痉挛论，肌纤维损伤论，急性炎症论，骨骼肌蛋白质降解论等。事实上，延迟性肌肉酸痛的成因目前学界并没有严格的定论。但学界普遍认为"DOMS"的出现与"训练中离心收缩较多""训练者比平常做了更加剧烈，或者完全不熟悉的运动"这两个因素有关系。

因此，延迟性肌肉酸痛与肌肉增长并不具有绝对的相关性。训练后第二天、第三天没有酸痛感，并不意味着健身者没有训练到位。出现了"DOMS"也不意味着训练到位了，因为它代表了以下三种可能性：你前一天做了较多的离心训练⊖；你前一次训练较为剧烈；你身体并不熟悉上次训练的内容。

当一个健身者连续执行计划三、四周之后，即使训练计划的难度一直在提高，训练者也会发现延迟性肌肉酸痛更弱了，这并非是由于该计划失效了，而是由于训练者逐步适应了这样的训练。我们不应该以肌肉酸痛作为评估计划是否有效的条件。

力量举训练者、举重训练者、马拉松或者常规的跑步训练者，都不太需要去关注"DOMS"的现象。如果训练后产生了"DOMS"现象，只能说明你是刚刚开始某项新的运动项目，或者你突然更换了训练计划。并不能证明这次的训练效果就很好。

对于想增肌的训练者而言，没有"DOMS"，并不意味着肌肉就不会增长了。一些采用高强度、低次数、高训练频率的健身者，能够在力量和肌肉增长的同时，不产生过多的"DOMS"现象。

对于想增肌的训练者而言，"DOMS"很强烈，也并不意味着是一件好事。如果在一次训练结束之后的几天内延迟性肌肉酸痛一直没有消失，说明这次的训练强度过

⊖ 离心训练即离心收缩训练。离心收缩指：肌肉在收缩产生张力的同时被拉长的收缩。比如弯举的下放过程、俯卧撑的下降过程、引体向上的下降过程都是离心收缩。

高，健身者需要更长的恢复时间，这势必会影响到健身者的训练频率。除此之外，"DOMS"现象很强烈的原因，还有可能是因为你某个方面的训练水平（耐力、绝对力量、神经募集能力）下降了，或者训练了自己并不熟悉的动作，也有可能是因为你训练的方法中肌肉离心收缩比较多。延迟性的肌肉酸痛并非是衡量训练效果的唯一标准。只要训练的计划循序渐进，训练的效果自然也能够逐步累加。在健身这件事情上，我们更应该看看长期的变化，而不是一朝一夕的感觉。

如果酸痛感还很强烈，建议不要再训练相同的身体部位。比如你前一天做了俯卧撑、卧推，你的胸肌和肱三头肌非常酸痛，那么你可以考虑第二天做一些下肢的训练，比如深蹲、剪蹲、硬拉等，既能运动，又不会干扰到之前训练肌肉的恢复。等到酸痛的肌肉酸痛感没有那么明显了，我们就可以开始第二次的训练了。

总结一下：初学者总认为健身方法分为"一定正确"或"一定错误"，所以很多人掉入了找寻"一定正确的做法"的圈套里，这种二元化的思维是不利于健身的可持续性的。持有二元化思维的人经常会这样去思考问题：

"有氧40分钟才减肥"，所以我没有大块时间，就干脆放弃了；

"不吃水煮鸡胸肉、不饿就不减肥"，但这太痛苦了，我还是胖着吧；

"有酸痛才能增肌"，那越酸痛一定越好，每天练完爬着回家，成为施瓦辛格指日可待……

把"健身"看得过于简单，直接导致失败，于是很多人又开始追求相反的做法：

"高强度有氧减脂最高效，我再也不用花40分钟做有氧了"，可是天天高强度骑动感单车，膝盖很快废了；

"绝对不能节食，天天精准计算热量和宏量营养素，健康瘦身"，可坚持没两天就做不下去了，半途而废；

"每次都力竭，结果恢复不过来越练越弱，那我就减少训练量"，于是半年不敢加重，没有挑战过自己……

像王姐和小赵一样失败的人很多，更多的人则还没开始就被各种观点绕晕了，所以"健身"越来越像"玄学"，越来越互相对立，非黑即白。

其实"二元化的健身思维"才是束缚许多健身者进步的原因。我们应当抛弃"二元对立的健身思维"，客观、全面地去评判训练方法，科学健身、量化健身，让它褪去"玄幻"的外衣，成为一门人人都能掌握的科学。

第六节

对不起，最好的训练计划是一种幻想

许多朋友爱问"有没有最好的训练计划？""能不能推荐几个最好的练肩、胸、背的动作？""什么饮食方法减脂最有效？低碳还是低脂？"

如果说使用"二元化思维"的朋友相信健身世界有好有坏——

"要增肌，力量训练才好，有氧不好。"

"要减肥，吃水煮青菜才好，吃快餐不好。"

那么"爱找最优训练计划、动作"的朋友就是相信健身世界有优有劣——

"要增肌，三分化训练最优，全身训练或二分化次之。"

"要减脂，高强度间歇性训练最优，匀速有氧次之。"

这些想法很常见，在网上、健身房里，甚至教练口中都能听到。与其说这是知识与经验不足造成的错误，不如说是一种偏见。许多有名的教练也只迷信某种训练体系，许多科研工作者也只遵守一种饮食方法，它有时虽然无害，却可能使健身者误入歧途，降低效率。

第一个例子就是迷信某种最好的训练方法或体系，忽略该方法的执行条件；或者将已证明有效的方法套用在所有人身上，忽略了个体差异性。

比如："高强度间歇性训练减脂效率最高，能大大节省时间，所以想减肥的人都应该优先选它。"

实际上，"高强度"中的强度是因人而异的，别人的"中等强度"对你可能已是极限，所以"冠军的计划"可能是你的毒药；而"高强度间歇性训练"虽然高效，却有适用范围、适用人群，在实际应用中需要注意许多事项。

在大众健身领域，高强度间歇训练被冠以"减脂利器"的名头，让许多减脂者趋之若鹜。每天十分钟就能减脂塑形既摆脱了枯燥乏味的有氧，听上去又高端大气上档次，一时间，不懂 HIIT 的人都好像落伍了一样。然而，高强度间歇性训练对训练者的要求非常高——你需要精确把握"强度"的高低，不能过高，也不能过低；同时你需要恢复得当才能保证身体能频繁进行这样大负荷的训练。所以没有训练经验的人，必须在教练的指导下才能够开展 HIIT 形式的训练。

一个久坐少动、不熟悉健身动作的初学者，或一个体弱且超重、身体负荷本就很大的减脂者，都非常不适合独自进行这样的训练。因为他们对训练无法操控得那么精确，对动作也不够熟练，如果一开始就开展这样的运动，很可能出现受伤情况；而且市面上大多数的 HIIT 视频都不具有针对性，所有人用一样的"高强度"模板，这本身就不合理。就连许多健美运动员在备赛期间，也不会频繁使用 HIIT 手段，因为这会影响他们的力量训练。

迷信某种训练方法、套用其他人成功的计划的案例还有：

"教练增肌时每天吃 20 个蛋白，他用的是高蛋白低碳低脂的饮食方法，我增肌也要这么吃。"

"维密、明星、模特的减脂计划，我照着做肯定也能瘦，毕竟他们是明星，比我们普通人对美的追求高多了。"

"罗尼是奥林匹亚先生，他的计划与动作安排就是最好的，我的八块腹肌指日可待。"

"客户买了课想塑形，力量训练中复合动作增肌减脂效率最高，多做这些就是最好的方法。"

"卧推平台期？我当年是用'5×5'训练法解决的，你也试试，保准成效显著！"

实际上，训练计划与动作选择上，老手比新手更需注意个体差异性：因为新手当下主要任务是提高身体素质与学习动作、建立本体感受，为之后的训练做准备，所以现状、目标没有太大个体差异；但老手能承受的训练容量、伤病史、强项弱项等都决定了他个体差异性强，所以在制订训练计划时需要综合考虑。

许多人迷信"冠军的计划"，就像"维密/女明星减脂计划"一样。必须承认，它们非常具有吸引力，可追随者们却忘了——无论从身体适应性还是恢复手段看（冠军也许有用药加成），冠军能承受的容量远非常人可比。（具体请参见在本书第二章第五节"不要痴迷于冠军的训练计划"。）

饮食方面，无论是谁，都有很强的个体差异性，这不只来源于从小养成的饮食习惯、偏好，还来源于当下的生活状况。一个习惯吃白米饭和炒菜的人，如果只吃薯类、沙拉和三明治，会有种"不像吃了一餐"的感觉，这样当然不利于减脂；一个没有备餐条件和时间的人，让他每周准备好食物，按时按量吃，即使理论上效率最高，也并不实际；别人用低碳生酮的方式成功瘦身，可你运动量大、碳水需求量高，生酮副作用强，只会事与愿违。许多女生今天用维密的沙拉餐减肥，明天学大S的燕麦通便法，这都是自己不习惯的饮食方法，失败、反弹也在情理之中。

当然，增肌减脂的饮食是有基本原则的：持续的热量盈余或赤字；充足的蛋白质摄入等.（本书饮食部分将会详细介绍）。我们可以将基本原则看成大树的树根；将低碳、低脂、高蛋白等大方向看成树枝；更为细节的饮食做法，如进食时间、食材搭配等看成树叶——健身者要根据自己的个体差异性寻找最适合的，而非"最优"的方法。

第二个例子常见于有经验的训练者，就是：**迷信自己喜爱的老方法，拒绝必要的改变，忽略身体变化。**

"我是利用大重量复合动作增肌的，现在想更上一层楼，继续大重量复合动作就行了。"

"我一周练三次胸，一次背。虽然身体有时疼痛，可是我一直都这么练也没受伤，不要紧。"

"'5×5'比'3×10'的增肌方法强多了，我带朋友都是用这个方式，他们进步的速度非常快。"

实际上，在长期训练中，个人的情况、目标发生变化，这同样是个体差异性的一部分，训练者若无法及时做出反应（调整策略、学习新动作等），仍希望用一把旧钥匙打开新锁，结果可能是灾难性的。

唯经验论是固执者的毒药。最常见的例子，就是长期训练中忽视肌肉均衡发展，只练喜欢的动作或部位，造成长板逾长，短板逾短，最终导致短板出现疼痛、伤病、限制进步等情况。比如胸大肌和背阔肌发达的人，往往容易出现圆肩的体态；股四头肌等屈髋肌群过于发达的人，骨盆前倾的概率会大大增加。此时前者就应当强化三角肌中后束、肩外旋肌群；后者应当强化腘绳肌、臀中肌，防止下肢伤病。

在日常教学中，我还经常遇到类似的问题："能不能推荐三五个最好的练肩/背/胸的动作？"如果面对的是单个训练者，我能根据他的训练水平、伤病史、健身房所具备的器械、他的训练偏好提出建议，但若面对一群人，训练水平有高有低，这个问题回答起来就非常麻烦。

施瓦辛格最爱的练肩动作"颈后杠铃推举"可能会让关节活动度受限的人受伤，但这不代表某个动作就毫无价值。任何一个训练体系、训练思路、饮食方法等都是如此。

因此，作为一个严肃的训练者，我们应当多学习、多实践，将学习的知识和训练的经验相结合，找到适合自己的方法，而不是照搬所谓"最好的计划"。

在本章中，我列举了一些常见的健身迷思："中国人的基因不如外国人""健身房练出来的都是死肌肉""减肥就要靠饿""增肌要靠大重量"等。

之所以这些问题会层出不穷，是因为许多普通人在接触运动知识时，学习到的都是碎片化的内容。今天听这个健身者讲"超级组""金字塔组"，明天听那个教练讲"卧推的正确姿势"……若没有一个完整、系统的知识框架，碎片的知识是很难发挥全效的，更何况，许多健身行业的科普者从属不同的训练体系，训练主张和侧重点都有所不同，如果一个初学者本身并没有完善的训练体系，在本就"东学一点，西学一点"的训练者那里，很可能导致"看得越多越混乱"，对实践并无帮助，反而有害。

在本书接下来的部分，我将帮助大家建立严谨的训练计划观念、热量计算方法、动作学习技巧。本书将从多个维度告诉大家，严谨的健身者是如何思考训练计划、营养饮食、训练动作这些事情的。

第二章

建立严谨的计划观念：

严谨的健身者是如何思考训练计划
这件事情的

普通的健身者和严肃的健身者对待训练的态度是不同的。

严肃的健身者明白，为什么健身能够让身体素质增强。而普通的健身者往往并不明白这一点。大部分人训练水平容易停滞不前，因为他们不知道自己所使用的训练方式究竟来源于何处，为什么这样设计；他们也不明白关于训练计划那些最为基础的理论和概念。

普通的健身者可能会模仿健身房里其他人的训练，练类似的动作、用类似的计划；可能会对自己没有见过的训练动作感到新鲜，然后就加入到自己的训练计划里；可能崇拜冠军的计划，采取"拿来主义"变成自己的计划；可能会对不同的训练体系感觉到好奇，然后去尝试执行。

而严肃的健身者，则会想明确自己想要什么，会思考什么样的动作、计划能够满足自己的需求、让自己进步。他们依然对新鲜的动作、体系和计划感觉到好奇，但是他们会评估这些内容到底是否适合自己。他们会有所舍弃，因此也就有所得。他们不仅懂得更多，而且他们更加坚定自己在做的事情。

如果你能够对现代运动项目背后的理论有所了解，如果你能够明白训练计划中每个变量的作用，那么你就能够像严肃的健身者那样去思考训练计划。这就是本章的重点：学会像严肃健身者那样去思考训练计划。

第一节
超量恢复：为什么健身会让你越来越强

绝大部分的健身书籍和健身科普文章都没能明确地指出关于身体素质增强最重要的理论是什么。这个理论很多资深的健身者都明白，但却不愿意去过多地阐述它，是因为这个理论实在是太基础了。或许有些书籍提到过这个理论，但却是轻描淡写地一笔带过，没有把这个理论作为主导我们训练最重要的基础理论去贯穿训练始终，反而在一些细枝末节上浪费笔墨，对很多新手造成了误导。在很久以前，我就在想，如果我要开始写一本书，我会把这个理论作为训练计划最重要的制订原则贯穿全书（本书就是这样）。

这个理论就是：超量恢复。

通过超量恢复我们可以明确以下几个关键问题：

问题 1：刚开始健身的人，一周应当练几次？

问题 2：为什么我们需要坚持训练？

问题 3：什么样的训练才能让我们的身体素质不断提高？

问题 4：什么时候应当休息？

问题 5：训练计划制订的最基本原则是什么？

问题 6：对普通健身爱好者而言，一周内应当将全身肌肉练几遍？

通过超量恢复理论，我们能够迅速明白训练计划制订的关键所在、放松与恢复的价值所在。

一、适应（应激）：超量恢复的理论来源

有健身经验的朋友会发现，在一段时间的力量训练之后，自己的力量增长了，肌肉也增加了，瘦小的人似乎看上去更壮了。在一段时间的跑步训练之后，我们也会发现，自己在单位时间、单位路程内跑得更轻松了，跑得更稳了，也跑得更快了。打羽毛球打了一段时间之后，我们会发现我们接球、挥拍、击球或者在球场中的移动都更加流畅和灵敏了。

实际上，无论是力量训练、位移训练、球类运动或者其他的竞技类项目，只要健身者经过一段时间的训练，都会在该项目上有一定水平的提高。

在运动学上，这叫作"**超量恢复**"。

超量恢复是一种训练现象，也是运动学的基础理论。它的理论基础来源是加拿大病理学家汉斯·塞利（Hans Selye）的一般适应综合征（GAS）学说，这个学说有时候也被简称为"应激"理论。

一般生物适应学说认为，生物在面对传染、中毒、创伤、神经紧张、高温、低温、肌肉疲劳及放射线的压力的时候，常常以一种固定的形式来反应维持身体内环境的稳

定，这就是"适应"（也可以称为"应激"）。

从本质上说"适应"是一种生理反应，它的目的是维持生命和进行损伤后的恢复。从外在的表现上说，"适应"是我们的身体在面对外界环境压力的时候，去抵抗压力和适应环境的过程。这个过程一般会分为三个阶段：

1. 警觉期：此时适应还未获得，我们的能力下降。
2. 适应期：此时适应达到最佳状态，我们的能力逐渐上升。
3. 衰退期：此时的适应逐渐丧失，我们的能力回归常态。

而这种"适应"现象，同样也可以表现在体育运动上。

"超量恢复"理论就是基于该学说提出的运动学理论。

二、超量恢复是什么

20世纪初，生理学家在实验中发现，肌肉在受到电刺激时，肌肉中的糖原被消耗，刺激停止后，肌肉中的糖原逐渐恢复，不仅恢复到收缩前的水平，而且还超过原有水平。这一现象被称为超量恢复。随后有人进一步研究发现，在一定生理范围内，运动期间消耗的物质越多，恢复期限内，超量恢复也就愈明显。人们将这一规律广泛地运用到体育运动实践中，认为超量恢复是"物质能量贮备超过原有水平，从而提高了机体的工作能力"的一种运动现象。

从健身者的角度出发，超量恢复现象可以被简单地理解为：普通人在经过一次训练后，其体能水平会逐渐下降，然后经过饮食和睡眠的恢复，体能水平逐渐上升，乃至超过原先体能水平的情况。

超量恢复是运动学的基础理论，它更多关注的是一般生物适应学说中的"警觉期"和"适应期"。教练需要对运动员施加一个合理的训练压力，才能够一直让运动员保持在"适应期"，让运动员的体能水平持续上升。

以我们健身中的力量训练举例：

警觉期（体能下降）：当我们第一次走进健身房进行力量训练的时候，我们的身体感觉到了和以往不同的压力，训练时，我们的肌肉开始充血，感到疲劳和撕裂感，神经系统开始募集更多的肌肉纤维参与发力；训练后第二天，我们的肌肉有极为强烈的酸痛感，手臂酸得搬不了重物，腿酸得难以上楼，神经系统对肌肉纤维的募集能力也有所下降。这个阶段，就是属于一般生物适应学说中的"警觉期"，此时适应还未获得，我们的能力下降。

适应期（超量恢复）： 过了几天，当我们的酸痛完全停止，我们再走进健身房进行力量训练，我们发现，我们居然可以卧推／深蹲／硬拉起比上一次更大的重量了，训练后我们的身体也没有之前那一次那么酸痛了。这个阶段，就是属于一般生物适应学说中的"适应期"，此时适应达到最佳状态，机体能力逐渐上升。这个状态，就是"超量恢复"。

衰退期（体能回归）： 而后，我们因为某种原因停止了训练。这时候我们的肌肉就会萎缩，神经募集能力也开始下降，之前训练获得的适应逐渐丧失，我们的身体重新回归到原先的状态。这就是一般生物适应学说的"衰退期"。

这三个阶段如下图所示：

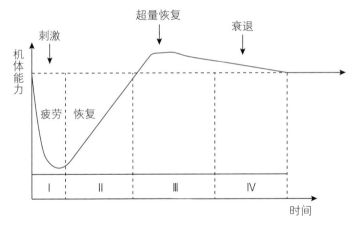

力量训练中的超量恢复示意图

注：本图根据《周期——运动训练理论与方法》（北京体育大学出版社，Tudor O.Bompa/G.Gregory Haff 著）一书中的结论绘制。

三、为什么要坚持训练

如前所述，超量恢复只有在施加了运动量的情况下才会出现，如果我们运动几天，然后就停下来一直不运动，那么身体就会逐渐回归到之前不运动的状态。

运动学中，更加关注的是如何让"超量恢复"持续存在。

只有当我们持续、规律地给自己的身体施加运动量的时候，我们的身体机能才会逐步上升。

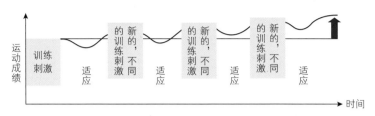

运动成绩

训练刺激　适应　新的，不同的训练刺激　适应　新的，不同的训练刺激　适应　新的，不同的训练刺激　适应

时间

随着新的、不同的训练刺激，超量恢复带来的运动成绩提升

注：本图根据《周期——运动训练理论与方法》（北京体育大学出版社，Tudor O.Bompa/G.Gregory Haff 著）一书中的结论绘制。

那么，肯定有朋友会问：什么叫作坚持运动呢？是指的必须每天都要健身吗？对于这个问题，我的回答一般是：如果是没有太多训练基础的人，一周去健身 2~3 次是比较合理的，如果你没有运动基础，一定不要每天都去健身房训练。

还有一些有训练基础的人，往往会问：我每天都去健身房，但是好像越练越累，这是不是遇到平台期了？我该怎么办？我的回答一般是：如果你把去健身房的次数减少一些，可能训练效果会更好一些。

为什么？这是因为要达到超量恢复的身体状态，需要时间恢复，如果没有足够的时间恢复，我们的身体素质就会越练越差。

四、最优化的方案并不是每天都练

很多健身书籍都强调"坚持""持之以恒"，这是对的。但作者们往往都有意无意忽视了一点：超量恢复是需要时间的。假如，我们还未等到身体足够恢复，就施加以又一次的训练，那么我们的体能水平只会进一步下降。这种情况，可以被称之为：过度训练。

当我们持续、规律地给自己的身体施加运动量，又具有足够的恢复的时候，我们的身体机能才会逐步上升。

当我们持续、规律地给自己的身体施加运动量，但却没有足够的恢复的时候，我们的身体机能不但不会逐步上升，还会逐步下降。

比如健身者小强为自己制订了一个 6 周的训练计划。小强第一周按照计划进行了训练，但由于加班和应酬，小强未能获得良好的饮食和睡眠，身体恢复不足。如果这时候小强没有降低训练强度，或者没有等到身体恢复充分再执行训练计划，那么第二周小强的体能水平和运动表现都会下降，这就直接影响到了第三周的训练和恢复情况，并会影响到剩下几周的训练。在这种情况下，很容易出现越练越弱的现象。

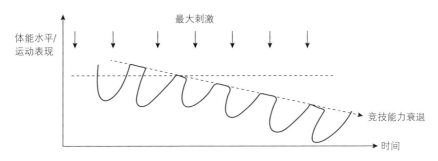

长期的过大强度刺激导致竞技能力下降

注：本图根据《周期——运动训练理论与方法》（北京体育大学出版社，Tudor O.Bompa/G.Gregory Haff 著）一书中的结论绘制。

恢复不足，但又进行较高强度较密集的训练，一个健身者的体能水平／运动表现（Y轴）和时间（X轴）上的曲线变化往往如上图所示。

过度训练的外在表现一般反应为：食欲不振、注意力不集中、疲惫、训练时兴奋度不足、运动表现下降、性欲下降、睡眠状况糟糕等。

即使是高水平的运动员，也容易出现过度训练的现象。

如果你在健身过程中遇到了以上的情况，就要想想是否是过度训练了。

五、多久训练一次是最好的

理论上来说，在超量恢复效应峰值达到最高时，再进行第二次训练，训练效果最好。但是我们人体的各种系统和物质并非是同一时间达到超量恢复的峰值的。供能系统、肌肉、神经系统和内分泌系统的恢复时间都不一致，而且在不同的训练强度下，所需要的恢复时间也有变化。

判断超量恢复的峰值是比较复杂的一件事情。

对于普通人而言，在饮食一般、没有补剂的情况下，48 小时能够让身体的运动系统中的大部分物质获得恢复。因此对于一般的健身者而言，2~3 天训练一次是比较合适的。

很多刚刚健身的朋友都是在开始阶段较为积极，狠练猛练，天天去健身房，天天跑步。但三四天后，突然觉得非常累身体吃不消，就停下来了，许多人办了张健身卡结果去几次就不去了。在增肌、减脂或者增强体能储备、提高健康水平的过程中，锻炼很重要，但是休息同样重要！

不给身体足够的休息时间，那么身体累积的疲劳迟早会让你停止运动，而一旦原先这种运动的惯性被打破，对于刚开始健身的人而言，很可能意味着他难以再继续坚持运动。这不只是由你的意志决定，更由你的身体决定，不要对自己那没有锻炼基础的身体太自信。普通人保证一周2~4次的锻炼即可。

对于初学者而言，延迟性的肌肉酸痛是最常见的，初学者最好等到肌肉不再酸痛的时候，再开始进行相同部位的训练。

六、一周可以循环练过几次全身肌肉

许多健身爱好者秉持着一周只将全身肌肉练一次的理念进行训练。健身房内最流行的训练方式就是"五分化"的训练方式，即一周练五天，分别训练胸、背、腿、肩膀、手臂和每天训练核心。这样的方法虽然不能说错误，但是对于普通健身爱好者而言，效率并不高。只有专业的健美运动员才需要考虑用高分化的方式进行训练。

采用"五分化"方式的健身者一定会发现这样的问题：当自己周一练完胸后，周五胸部已经完全没有酸痛感了，理论上完全可以再训练一次胸部，但由于有手臂的训练计划，不得不再到下一周重新练一次胸部肌群——这其实耽误了3天的训练。

根据"超量恢复"理论，只要训练得当，普通健身者完全能够在一周内将全身的肌群练过2~3轮并且充分恢复。

对于普通健身者来说，最适合的分化训练模式（按照肌群分化）其实是：全身训练（无分化）、上下肢分化训练（二分化）、胸、背、腿分化训练（三分化）。分化程度根据健身者的训练水平、能够付出的训练时间而定，训练水平越高、每周能够训练的次数越多，才越需要采用更高分化的训练方式训练。分化程度越低，容错率也就越高，越适合初学者。

对于想要增肌的初学者而言，建议刚开始时一周练2~3次，采用"每次训练都练习全身肌群"的方式是最好的。当这样的方式进步不大的时候，就可以考虑变成一周训练4次，采用"上肢和下肢肌群分化"的方式训练。只有训练经验较为丰富的健身者，才需要考虑一周6次，"胸、背、腿三分化"的方式训练。

第二节

训练记录：量化训练的基石

在实际训练中，如果健身者想要让自己每次训练都能够达到"超量恢复"的效果，那就一定要做好"训练记录"。

TIPS

我会把"是否会记录训练计划""是否能够规范执行训练计划"作为衡量一个健身者是否"靠谱"的标准。我通常会把训练者分为四类，这种分类方法和你能够使用的重量、训练年限没有关系，更多地考虑的是训练者的"潜力"：

第一类是连动作都还没有掌握的"健身小白""初学者"。

第二类是已经掌握了动作，但没有执行过规范训练计划的"佛系健身者"，或者也可以叫他们"普通健身者"。这类健身者很少会严格控制训练计划的变量，也很少记录训练计划，在健身的时候经常"临场发挥""突发奇想"。这类人群特别庞大，有的人可能在健身房练了几年，都停留在"佛系健身者"阶段。这类人群很容易遇到所谓的"瓶颈"。但只要这类健身者能够严格地开始执行训练计划，他们的"潜力"将会被充分开发，进步速度将会飞快。

第三类是已经开始规范执行计划的"初级训练者"，这类健身者已经可以被认为是一个"像是业余运动员一样的严肃的训练者"了。这类健身者能够严格控制训练计划变量，也会为自己分析计划的优劣，这类健身者通常会以每周或者是每月为单位为自己制订训练计划。通常在这个阶段，健身者的进步以"次"或者"周"为单位。

第四类则是"资深训练者"。这类健身者至少执行了 9~12 个月严格的训练计划，并且这类训练者通常还要考虑到不同的"训练周期"的相互影响。这类健身者往往已经达到某些业余健身赛事的准入门槛。通常在这个阶段，健身者的进步以月为单位。

如果你想要从"健身小白"，进入到"初级健身者"的状态，你要做的，应当是先学会"记录下自己的训练"。

　　超量恢复的关键在于稳定提升训练压力，避免过于随机的训练。如果想要稳定地提升训练压力，我们要做的第一步，是尝试记录下自己的训练。大多数人在制订训练计划时很随意，并不严格执行训练计划，他们的训练计划仅仅存在脑海中，从未落实在笔下。许多人的训练计划往往是在训练前临时决定的，拍拍脑袋就决定了。

　　这样一来，健身和训练就会变得不再客观。健身者当日的心情就可能决定他的训练强度和训练量以及训练动作的安排。某日心情较好，训练者愿意进行高容量的训练，某日工作不顺心，就顺势把训练强度降低。某日逛街较累，就随意练习两下，某日发放工资，就狂练三个小时。如果一直进行这样没有规律可言的训练，就很容易出现所谓的"平台期"现象。

　　如果你已经遇到所谓的"平台期"很久了。那么，请你回忆一下，你一周前、两周前、三周前，每次训练分别练了什么动作？每个动作完成了多少组？每组多少次？每组动作所选取的重量又是多少？

　　大多数人在遇到这个问题的时候，都会很悲惨地发现：他们根本不记得自己之前的训练完成了多少训练量。他们只是在某个重量下，完成尽量多的次数、组数而已。这样一来，唯一决定训练难度的因素，就只剩下了"重量"。

　　很多人在思考"如何让训练变得更难"这件事时，最先想到的是"增加重量"。毕竟所有人都明白 100 公斤的深蹲要比 90 公斤的难。

　　如果把目光放得再宽一些，有的健身者会发现，决定训练难度的，还有"训练容量"（即训练的组数和次数）。相同重量下，4 组 10 次的训练量明显会比 3 组 10 次更难一些。但假如你的记忆力没有那么好，又或者你在训练上总会喜欢临时增加或者减少训练内容，那么你的训练容量很容易出现随机性的波动。

　　这种情况下，遇到瓶颈是很正常的。

　　因为，你对你自己的训练一无所知。

　　入门者在健身初期想要学会系统地健身，做健身记录是一件非常有必要的任务，它和学习任何一门功课一样，得记录下自己当天的所学所练，以及所想（也就是感受）。这能让你对自己的训练"有所知"。

　　我们在上一节中刚刚讨论过，**如果你想要每一次训练比上一次训练有更多进步，你就应该充分贯彻渐进性超负荷的原则。每一次的训练都比上一次难一点点。**

　　我们可以通过增加训练强度来实现"更难的训练"，我们也可以通过增加训练容量来实现"更难的训练"，我们甚至还可以通过缩短每组间的休息时间来实现"更难的训练"，我们还可以通过改变动作的幅度、改变动作的速度、增加动作的向心和离心收缩完成时间等非常多的变量来实现"更难的训练"。

比如，当你一直无法突破 80 公斤的卧推重量，只能用 65~75 公斤的重量训练时，你为什么不考虑用 65 公斤的重量做更多的次数或者更多的组数呢？你为什么不考虑采用更短的休息时间完成 65 公斤的训练呢？你为什么不考虑增加卧推中的动作时间呢？

总而言之，想要让你的计划变得更难，想要一直持续变强，我们的方法有很多！

但是在使用这些方法前，我们先要学会对自己的训练"有所知"，得学会控制自己的训练，不能让自己的训练变得过于随机。如果今天练得重一些，明天就练得轻一些，今天练得组数多一些，明天就练得组数少一些，整个训练就是随机性的，任何人都无法帮助你提高。

所以在做训练记录的时候，我会建议所有的训练者都记录下以下内容：

"时间"：写下训练的日期。

"训练项目"：指深蹲、俯卧撑、跑步等。

"强度"：指训练重量、动作难度或者跑步的速度。

"容量"：指组数、次数安排，或者跑步的路程。

"时间"：做完一个动作所用的时间，或组间休息时间。

"感受建议"：写下本次训练的感受，训练的难易程度，动作的完成幅度，动作的速度，身体的感知情况，是否有疼痛，以及对下次训练的建议等内容。

训练计划记录

这个内容看起来很简单，但实际上它已经将一个健身者的计划规范在了一个框架之内，即使是一个小白，使用这样的方法，也能够像成熟健身者那样去思考。下面就是训练记录的范例（我用这个方法自己做了一个训练笔记本，该笔记本已经被超过10000名健身者所使用，我认为这是最能够彻底改变一名健身者训练逻辑的产品）。

一份合理的训练计划，一定是能够被记录下来的。同时，一份合理的训练计划，一定是逐步进阶的。记录训练计划这件事情本身，就已经是在量化自己的训练了。

避免随机性，量化训练压力，这是记录训练计划的根本原因。

记录训练，能够让你从对训练"一无所知"，到"有所感知"，再到"量化分析"，最后实现"逐步进阶"。

可能很少有书籍会花篇幅来讲解"为什么要记录下自己的训练"。

这件事情是无比的重要，但是又被无数健身者所忽视；这件事情是如此的简单，以至于忽视它的健身者从没有意识到自己失去了什么。

记录训练计划这件事情非常简单，但只要你开始实践，你就会发现它对你的帮助比购买100节私教课程还要大。

如果你能够做好每一次的训练记录，三个月后，甚至半年后，都能够找到你训练进步和训练停滞不前的原因；如果你能够做好每一次的训练记录，在向高水平教练求教的过程中，也就能够有的放矢，更快地进行优劣势分析；如果你能够做好每一次的训练记录，你最终也就能够为自己制订一份高质量的训练计划了。

第三节

运动中为何会出现"平台期"

在本章第一节中，我已经提到过，我们越练身体越强是由于有"超量恢复"这个现象，但如果长期训练量过大那么很容易出现过度训练的情况。

超量恢复是由于身体对外界的刺激（比如训练压力）有适应能力而产生的运动学现象，而训练压力过大和恢复能力不足则容易引起"过度训练"。

任何科学、严格的训练计划，其目的都是为了提高健身者或运动员的适应能力，最终提高健身者的身体素质或是运动员在该专项中的运动表现。

理想状况下，如果健身者或运动员遵循"接受训练刺激→身体适应→增加训练刺激→身体适应→增加训练刺激→身体适应"这一训练原则，那么这个健身者或运动员的竞技水平就会不断提高。

但假如他的训练压力一直维持在某个水平，他的身体适应能力就不会提高，超量恢复也不会产生。这个时候，就出现了所谓的"平台期"。

从我的角度来看，刚刚开始健身1~2年的健身者都不太容易遇到平台期，新手产生的"平台期"往往都是对动作、身体、计划的理解不够充分，只要对动作、身体、计划稍作调整，普通健身者就能够快速地突破所谓的"平台期"。

大多数人遇到所谓平台期，主要有以下四个原因：训练刺激不足、恢复不足、身体功能限制、动作技术不规范。

原因1：训练刺激不足

训练刺激不足有非常多的原因，列举如下：

1. **训练强度不足**。比如一名健身者明明已经能够用 100 公斤的重量进行训练，但却总是只停留在 50~60 公斤的训练配重下训练，自然不会有所提高。

2. **训练容量不足**。比如"5 组、10 次"就比"3 组、10 次"带来的训练刺激更大。训练容量太低还有一种可能性，就是训练者采用了过高的强度训练，导致无法提高训练容量，此种情况常见于健身房内训练 2~4 个月的新手。

3. **训练频率太低**。比如在饮食和睡眠足够的情况下，一周两蹲、两推、两拉的训练计划就比一周一蹲、一推、一拉的训练计划更不容易遇到所谓的"平台期"。

4. **训练计划不完善**。比如练力量举的健身者只练深蹲、卧推、硬拉，而不练其他辅助项目，一定很容易遇到"平台期"。比如想要塑造形体的健身者，只练上肢不练下肢，也非常容易遇到"平台期"。

5. **训练计划单一**。还可能是长期使用某种固定的训练计划所致，几个月都用一模一样训练计划的健身者，也必然很容易出现"平台期"。

6. **训练者执行问题**。如训练者的训练本身非常不规律，没有严格地做好训练记录，都会导致"平台期"的出现。

7. **身体存在极端薄弱环节**。也有可能是健身者本身有极端薄弱的环节，导致无法继续提高训练刺激。比如下背部薄弱影响深蹲负荷、心肺能力差导致训练容量无法增加、肩袖肌群稳定能力差导致卧推无法加重等。

原因 2：恢复不足

恢复不足的根源可能有以下三点：

过高的训练容量和强度导致恢复不足

如果某次训练产生的训练压力较大，健身者需要比平常更久的时间才能恢复，但健身者忽视了这一点，在没有恢复的情况下，直接开展第二次，甚至第三次训练，导致健身者体能进一步下降，从而无法进一步提升，甚至无法完成计划。此时健身者的身体会极度疲劳，有时候会让我们以为这就是遇到平台期的表现，但很可能休息几天，身体就能够恢复，会有更佳的运动表现状态。或是采用"延长训练的休息时间""增加训练后恢复手段""降低训练强度""采用波浪形计划"等方式，都能够有效地避免恢复不足的产生。

比如某次下肢训练中，健身者加了相较于以往两倍的训练容量，他能竭尽全力地完成，他的容量提高了，但是训练密度也加倍了，但是他单位时间内的恢复能力并没有改变。他会有非常强烈的延迟性肌肉酸痛，而且会持续长达一周，不管是哪个部位的酸痛感，长达这么久都会影响随后训练动作的质量，那么他之后的下肢动作的训练质量就会非常差。这个是平台期吗？你可能可以这样说，因为他的确没有进步反而可能会有退步。在之后的训练中，训练者选择较低训练量，维持训练刺激、积极恢复，反而会是更好的选择。

有极端薄弱环节导致恢复不足

比如某位健身者下背部薄弱，在深蹲训练中，作为原动肌的臀大肌、股四头肌等肌群尚未疲劳时，作为稳定肌群的竖脊肌就已经疲劳。在之后的恢复中，竖脊肌的恢复速度也较慢，因此就会影响到后续的深蹲训练。此时竖脊肌就是健身者的"薄弱环节"，竖脊肌成了健身者恢复不足的主要根源。

长期的疲劳累积导致身体素质下降

这种身体素质下降与"过高的训练容量和强度"导致的身体素质下降并不相同。

大多数健身者都是在没有完全恢复的情况下开展训练（并不意味着这是坏事），因为100%恢复后再开始训练很可能已经离之前的训练间隔了3~4天（100%完全恢复后再训练会导致一周内的训练频率降低，因此不是最佳的训练方案）。所以健身者在长期执行训练计划4周后，会累积大量的疲劳，出现身体素质下降的情况，执行计划也不那么顺利。此时采用1周时间降低训练强度和训练量，积极恢复，消除疲劳，会对身体有很大的帮助。

通常，长期的疲劳累积导致的平台期的情况只在那些极端刻苦的训练者身上出现。如果是"佛系健身者"不会出现这种情况。因此，佛系健身者并不需要安排减载期。

原因3：身体功能限制

身体功能限制通常有两种：

一种是身体活动度差，导致某些动作无法流畅完成，或在完成中出现身体其他部位的代偿。这种情况常见于成年男性身上。另一种是身体稳定性差，通常出现在不经常运动的女性或者极为瘦弱的男性身上。

产生平台期的身体功能限制往往与"身体活动度差"有关系。很多人可能无法理解为什么"身体活动度差"会导致平台期的出现。

那么我们不妨来做这样一个实验：

实验1：将你的手上举至肩关节的正上方。

实验2：将你的头部向前探出，模拟"颈椎前伸"的体态，再将你的手上举至肩关节的正上方。

　　在实验1中，我们会发现手臂能够较为轻松地上举至肩关节的正上方。但是在实验2中，由于头部前伸，就限制住了我们手臂上举的空间，我们需要先解决"颈椎前伸"

的问题，才能进一步开展训练。

如果在不解决身体功能限制的情况下直接开展训练，实验 1 中的健身者必然能够承受更大的训练量，其可以稳步地将训练配重按照 2.5 公斤 –5 公斤 –7.5 公斤 –10 公斤的方式逐步增加，其在上了强度之后的训练也不容易产生动作变形。实验 2 的健身者则较难开展更高强度的训练，在进行 2.5 公斤的训练之后，恐怕身体就会产生较为严重的变形。

有些健身者的关节活动受限问题和体态问题可能并没有实验 2 中那么明显，因此遇到问题的时间也会向后延迟。但他们之后遇到所谓的"平台期"，往往和自身的关节活动度、体态问题都有关系。

关节活动度越好、体态问题越少的人，其无论进行何种运动，训练进步的速度都会快于常人，遇到瓶颈的可能性也会越小。即使是在错误动作模式下，关节活动度好的健身者，身体能够做的代偿也更多，其受伤的风险也会小于一般人。这类人，也可以被默认为是"健身天赋"较好的人，所幸的是，"关节活动度"这一"天赋"是可以提高的。大家都可以通过改善"关节活动度"，提高训练质量，从而提高训练效率。

身体功能限制较大的健身者更容易出现"平台期"，比如踝关节活动能力较差的健身者，就比一般的健身者更容易遇到深蹲的瓶颈。髋关节活动能力较差的健身者，深蹲、硬拉的时候就更容易弯腰，在相同重量下，活动度较差的健身者需要花更多的精力去控制自己的身体。

再比如，上交叉综合征的健身者进行卧推，就比一般的健身者更加容易产生肩峰撞击、更容易受伤，遇到瓶颈。

对于这些问题，我一般建议先调整身体，解决身体功能上的限制，再开始训练。

原因 4：动作技术不规范

除了训练计划、身体活动度的原因，健身者遇到瓶颈还有可能是因为动作不够规范。

弯腰的硬拉一定比保持脊柱中立的硬拉更容易受伤，也更容易遇到瓶颈。

长期膝盖内扣进行深蹲一定比膝盖稳定的深蹲更容易受伤，也更容易遇到瓶颈。

在卧推中，如果不懂得采用腹式呼吸，就容易出现耸肩发力的情况，也就更容易出现圆肩体态、肩峰撞击的现象。

在深蹲和卧推中，如果不懂得采用完全的腹式呼吸，就容易在深蹲出现腰椎超伸，卧推中出现肋骨外翻的现象。

在俯卧撑中，如果一直采用手臂外展 90 度的角度进行训练，那不仅难以让胸肌参与，还容易更快地遇到瓶颈，出现体态问题和受伤也是难以避免的。

一名健身者想要背负 1 倍体重的重量进行深蹲是一件相对容易的事情，即使用比较糟糕的动作，也能够在几周到几个月的时间内完成 1 倍体重的深蹲训练。但如果健身者想要深蹲 2 倍体重，则需要对深蹲有更加深刻的理解：包括站距、下蹲时脊柱的状态、握杠的姿势等，在 2 倍体重的负重状态下，一个小细节的改变，都会对深蹲这个动作产生极大的影响，从而影响到健身者的提高。此时，对动作理解得越深刻，动作技术越适合自身情况，就越不容易遇到瓶颈。

保守的健身者会在身体出现不适感前就停止训练，此时其会认为自己遇到了瓶颈。激进的健身者会在身体出现不适感后忍痛训练，后果可能是身体受伤。

但其实，在更优化的动作技术下，更好的关节活动度下，这样的伤痛本可以避免，这样的"平台期"本可以不必存在。

通过以上的讲述，我们可以这么认为：训练计划越完善、恢复能力越强、身体限制越少、动作技术越规范，遇到瓶颈的可能性就越小。对于普通人而言，只要四点都做到了，几乎无往不利。只要四点都做到了，即使遇到所谓"平台期"也能够快速突破。

第四节

训练体系的冲突

　　讨论完"超量恢复""训练记录"以及"平台期的成因"三个概念之后，我们需要来说说"训练体系的冲突"。

　　我在指导学员之前，一般都会先问一句**"你健身的目的是什么？"**。

　　这似乎是个简单的问题，让一些人懒于回答。但这确实是在健身中最重要的问题。

　　很多人是冲着"好身材"开始健身的，但很少有人会为自己设立一个明确的目标。所以很多人在健身的过程中会出现迷茫和疑惑的情况，比如：增肌和减脂能够同时进行吗；我应该先增肌还是先减脂；我想要减脂，但是我用增肌者的训练计划练，是否也能够变瘦等。

　　对于健身初学者而言，随便练习就会有效果，可以在短时间内降低体脂，同时又在视觉上提高肌肉体积。但这样的状态并不持久，许多健身者在经历了 2~3 个月后就会遇到瓶颈。此时专注更加明确的"增肌"或者"减脂"的目标，效果更好。

　　这是因为增肌的本质是身体在进行同化作用（又叫作合成代谢），这是一个生物体把从外界环境中获取的营养物质转变成自身的组成物质，并且储存能量的变化过程。而减脂的本质是身体在进行异化作用（又叫作分解代谢），是一个把身体有机物转化为无机物并且释放热量的过程，简单来说，就是在一段时间内，让身体消耗量大于摄入量。

　　如果想要增肌，就需要让身体的同化作用大于异化作用，让身体的热量摄入大于热量消耗。如果想要减脂，就需要让身体的异化作用大于同化作用，让身体的热量摄入小于热量消耗。如果想要同时增肌或者减脂，那就很容易两项都进展缓慢。除非你对自己的身材已经非常满意，否则我不太建议你采用这样的方式训练。

那应当先"增肌"还是先"减脂"？这个问题并没有明确答案。是根据健身者自己对于身材的理解去决定的。许多健身者都是减脂和增肌交替进行的，进行几个月的增肌期再进行几周至几个月的减脂期，再进行几个月的增肌期，交替循环。

明确自己的训练目的

很多健身者会说"我的目标就是塑形"。但"塑形"是一个很模糊的概念，特别是对于女性健身者而言，由于三围、身高等条件的不同，对塑形的要求也不一样。比如"翘臀""瘦臀""丰胸""美背""细腰"都属于女性形体改造的一部分。并非每个人都有同样的塑形需求，比如有的女生"腰细"但是"腿粗"，有的女生"翘臀"但是"平胸"，那么她们在"塑形"这件事情上也就有了不同的需求，自然不可能有完全相似的方法。

如果目标不够明确，那就没办法选择更加适合自己的训练动作和训练计划。

比如一位女性健身爱好者，想在塑形方面提高自己的臀围，改善腿部线条，但不想过多增加腿部围度，对她而言，大重量的深蹲一定就不如中等重量的臀桥和中等重量的罗马尼亚硬拉效果更好。因为深蹲本身需要大腿前侧的股四头肌和臀部发力完成蹲起的过程，因此深蹲这个动作必然会在刺激臀部的同时，刺激大腿前侧肌肉。

而罗马尼亚硬拉和臀桥这两个动作，更需要伸髋力量，更需要臀部和大腿后侧的腘绳肌参与发力。因此用罗马尼亚硬拉和臀桥在练出"翘臀"的同时，便不太容易粗腿（一般人的腘绳肌力量都弱于股四头肌，适当发展腘绳肌可以改善大腿前后侧的肌力平衡，以及改善腿部线条）。

再举一个例子。一位篮球爱好者，想要让自己在赛场上扣篮，对他而言，大重量的深蹲训练不如举重的高抓、高翻这类爆发力动作更有效率。因为深蹲这个动作，是一个基础力量训练动作，对完成速度并无要求，只需要伸膝伸髋完成蹲起的过程就够了。但高抓这个动作，不仅需要快速完成，而且在快速伸膝伸髋的同时，还需要屈肩伸髋将杠铃用力抛起，获得额外的加速度。因此在提高弹跳能力方面，高抓比深蹲价值更高。

所以，健身者一定要明确好自己的训练目标、分解自己的训练目标，才能够有的放矢、事半功倍。在学习健身知识的时候，也不会被不同训练体系的评判标准所迷惑。

不同的健身者，对待健身会有不同的评判标准

你会在网上或者不同的健身书籍里看到各种各样的衡量标准：有的人推崇很强的力量，有的人推崇壮硕的肌肉，有的人推崇良好的体能储备，有的人则只喜欢瘦，有

的人标榜极强的弹跳能力和极快位移速度，有的人以跑完马拉松作为自己的阶段目标。

如果是一个关注身材的科普作者，他会跟你讨论腰臀比、体脂率、倒三角的背阔肌、翘臀和若隐若现的马甲线。在进行深蹲这个动作的时候，他们可能更加关心深蹲是否能够对臀部、股四头肌有足够的刺激。

但如果和你交流的人换成了一个体能训练的专家，他则更关注你的运动能力，你的力量水平、速度、耐力、平衡能力。同样是对深蹲进行教学，他可能更加关心这个动作是否能够让你的身体运动能力得到发展，是否能够让你获得更大的力量，是否能够让这个动作更优化、更省力。

而你作为一个小白，很可能会迷失在各种相互矛盾的健身观点中，犹豫抉择。因此你就尤其需要明确自己真正的训练目的。

如果你有好几个训练目的，训练的目的本身会产生冲突，那么训练的效果也一定不能兼顾。有所得必有所失，懂得取舍，才是一个高效的健身者。

一个刚入门的健身者，总会发现自己的肌肉维度、力量水平、代谢能力都有不小的提高。因此他们总希望能够同时完成好几项健身的任务：又能够有健壮的肌肉同时保持低体脂，又能够在力量速度上有增进，又能够增加自己的弹跳能力，同时还能够去跑马拉松。

这真是太天真了！

他们不知道的是，几乎所有的训练体系都在为某个极限而努力。能够满足彼此矛盾的训练目的的训练体系是不存在的。如果你长期在几个不同的训练目的中犹疑，那么你的各项身体素质恐怕很容易就遇到瓶颈。

训练体系能够兼顾吗？

曾经，知乎平台上有一个比较热门的问题："有没有一个理想的身材或者训练体系可以满足健美运动员的肌肉围度，马拉松运动员的位移能力以及体操运动员的协调？"

我的回答是："没有"。

首先，马拉松要求的高效的代谢系统和长时间的位移，实际上很容易就限制了身体的重量，必须把体重控制在某个范围内才可能取得更好的马拉松成绩。如果按照健美的训练体系训练，增加肌肉肥大的同时，一定会增加身体重量，其目的与马拉松的训练目的几乎完全冲突。

其次，从肌肉的类型来看，慢肌的肌纤维比较细，而快肌的肌纤维较粗。健美的训练体系以肌肉肥大为主要的训练目的，倾向于增加快肌的肌肉纤维的直径，但对慢肌改善并不大，健美运动员的快肌占比更高，马拉松运动员的慢肌占比更高。因此从肌肉的训练类型上看，马拉松和健美的体系也是冲突的。

再从代谢角度来看，马拉松运动员需要动用的主要是有氧供能系统，有氧供能系统主要是为 30 分钟以上的运动进行供能；而健美运动员在训练时会倾向于动用磷酸原供能系统和糖酵解供能系统，磷酸原系统主要为 10 秒内的运动进行供能，糖酵解供能系统主要为 3 分钟内的运动进行供能。

因此马拉松运动员的位移能力和健美运动员的身材两种训练目的本身存在极大冲突。

再来看看体操运动员和健美运动员的对比：体操要求完成各种复杂的体操动作。在这种情况下，就对人的"相对力量"（绝对力量和自体重的比例）有很高的要求。如果自身体重上升一点，就要求绝对力量也要随之上升。因此在体操的体系里，对自身的体重有严格的限制。我国的许多省体操队、市体操队，每周都会对自己的队员进行体重的测量，如果超过某个标准，就要在当周加大训练量，直到降低到标准体重为止。这一点，依然和健美的肌肉肥大会有冲突。

的确，你可以既练马拉松，又练健美，还练体操。不过这样的结果一般是，全面发展，全面平庸。许多健身者在训练了许久之后，仍然不知道自己的训练目的是什么，所以无法确定自己的训练体系，这是他们训练长久停滞不前的重要原因。

当然，也有体系是这样推荐普通人训练的，例如近些年非常热门的 CrossFit 运动。说到 CrossFit，这是一个很有趣的被包装成"训练体系"的商业组织下的运动项目，它特别注重奥林匹克举重与体操，而且训练中很重视训练动作的功能性、训练动作的强度还有训练的变化性。但实际上，CrossFit 健身者在训练中有 50% 以上的内容是与奥林匹克举重有关，所以虽然 CrossFit 号称没有专项，讲究全面发展，实际上 CrossFit 还是以举重为核心、体操为基础安排训练的。

人的时间是有限的，人的精力是有限的，人的体能素质也是有限的，所以我建议所有的健身者，一定要对自己"想要的东西"心中有数，对"不那么想要的东西"有所取舍。在一段时间内，专注自己的训练目的，等到取得了阶段性的训练成果后再更换训练目的和训练方法，这样才能够事半功倍。总是朝三暮四就很容易一事无成。

第五节

不要痴迷于冠军的训练计划

有时候你能够从网络上，或者从健身房的朋友那里听到这样的说法：

"我用了某健美冠军的备赛计划，肌肉涨了、体脂也降了"

"我用了某力量举计划，三大项成绩涨了许多，推荐你也试试"

"这个计划太厉害了，我用了三个月，深蹲成绩涨了30公斤"

……

但我不建议你听他们的。如果说这话的人是个刚开始健身的训练者，那就更不应该听他的。因为新手随便练练就能够有不错的效果。他们只要施加一点超负荷，就很容易达到超量恢复的状态。如果说这话的是个训练颇久的"老手"，你在听从他的建议前，也应当先深思熟虑一番，再做决定。

我很少看到健身者能够严格执行并完成一份训练计划，经常会出现的情况是：某个健身者拿到了一份号称"高效""专业"的训练计划，但由于种种原因，这些健身者没能完成全部的计划。没完成计划的原因五花八门：我最近经常加班、我生病了、这个训练强度增加得太快了我适应不了、我训练的时候受伤了、训练有点累恢复不过来等。

但其实真正让他无法执行计划的原因只有两个：1. 这个计划并不适合他。2. 他没有尽全力去完成这个计划。大多数时候，第一种原因占的比重更大些。

一份合理的训练计划在制订出来后，应当明确这份计划的主要目的是什么（比如：提高卧推成绩、提高胸背维度、提高整体的训练量等等）。如果你的训练目的是提高卧推的成绩，而训练计划的主要目的却是为了提高硬拉的能力，那这份计划即使完成了，你对结果也不会太满意。大多数计划都不够具有个人针对性，如果你目前的目标是提高卧推成绩，就算你也拿到了用于"提高卧推成绩"的训练计划，但这个计划很可能依然无法帮助你提高成绩，原因在于你的卧推短板可能是底端启动能力太弱，而你拿到的计划却没有提高底端启动能力的训练部分，在执行一段时间后，你会发现，你的卧推成绩依然没有提高——因为你卧推的短板并没有在这个计划中得到解决。

其次，训练计划还需要符合健身者的水平和实际情况。一个经常加班的健身者，就不太可能去严格执行一个相对死板的训练计划，如果训练计划要求健身者每周二、周四、周六固定时间开展训练，那么这位较为繁忙的上班族就很容易中断训练。一个刚开始健身的人，也不能够用高频率、高分化的计划去训练。如果采用这种方式训练，训练者会在短时间内堆积大量疲劳、无法恢复，进而影响下一次训练，最终产生"恢复不足"和"过度训练"的情况。

健身者的水平无法匹配训练计划的最终结果就是：健身者执行计划后觉得太简单，自己也没有任何进步；或是健身者觉得计划太难，无法完成。比如一个已经有多年训练经验的健美运动员拿到一份每次训练总容量都低于 10 吨的计划，就很难有所提高；或者是健身者拿到了一份进阶策略非常激进的计划，每次训练都要线性加重，执行起来就非常吃力、难以完成。

健身者想要拿到一份适合自己目的、训练水平的计划是非常困难的。

我会从四个原则入手来评判"一份计划是否适合自己"。如果你拿到了一份号称"高效""专业"的训练计划，那你务必要思考你拿到的计划是否有满足下述四个原则，这些问题也是你在为自己做计划时所需要考虑的。

1. 渐进性超负荷原则

渐进性超负荷原则需要考虑这个计划是否有递进增加训练负荷，保证超量恢复。力量训练通常以增加训练容量、增加训练强度、缩短组间歇作为超负荷变量。而跑步领域通常以提高速度、增加训练频率、增加跑距作为超负荷变量。

2. 专项性原则

专项性原则需要考虑这个计划的目标是否足够明确。每个人的训练目的都不尽相同：维持健康、增肌、减脂、增强运动表现等。每个人训练喜好也有所不同，有的人喜欢健美训练体系，有的人喜欢力量举的训练方法，有的人喜欢马拉松等。在拿到一份训练计划前，一定要认准这份训练计划的目的和自己的目的是相匹配的。减脂者就不应该去用增肌者的计划。

3. 个体差异原则

个体差异原则里，我们需要考虑的注意事项有很多，包括健身者的主观需求、训练水平、日常生活状态、营养饮食是否充足、年龄、运动损伤、关节活动度情况等。以下简单举几个例子，在后续的章节中，我们还会对不同项目中的个体差异有更深层次的讨论：

对计划的执行能力。比如有的训练计划中要求你用自己深蹲极限重量的 60% 做 5 组 10 次的训练，之后再进行 150 个剪蹲——在看到这样的计划后你就需要评估这样的计划对你来说是容易还是太难，如果第一周你就觉得这样的计划非常困难，那你很难将这个计划执行完成。

时间匹配度。如果是正常的上班族，还需要考虑自己是否有足够多的时间完成计划。如果你不是教练或者运动员，你可能并没有那么多的训练时间，也很难保证规律的训练。一份一周五练的计划要求你每周都至少有五次空余的时间用于训练，对于那些经常加班的人而言，这样的计划就很难执行。

营养摄入。训练后你是否能够做好饮食和休息来保证恢复。如果你能够完成训练，但却没有充足的睡眠和足够的蛋白质摄入，你就无法获得充足的恢复，势必影响之后的训练。那你就需要考虑将训练强度和训练量降低，或者将两次训练的间隔时间拉长，来保证恢复——保证上一次训练不会影响到之后的训练。

年龄。年龄高的健身者，由于恢复能力、骨密度、肌肉量都比年轻人要低的缘故，对计划的容错率也就较低。计划制订上应该更加保守。

性别。在制订计划时，需要考虑女性经期对训练的影响。由于女性天生拥有较细的腰、较宽的骨盆，所以女性应当增加更多的核心稳定能力的训练。

日常生活状态。睡得越好，恢复越好。工作压力较大，训练状态容易变差，恢复也会变慢。日常作息饮食不规律，也会对训练产生负面影响——这些内容是许多通用的健身计划不会为你考虑的。

关节活动度和运动损伤。存在关节活动度受限问题的健身者应当避免训练某些动作，比如肩关节和胸椎活动度受限的健身者就不应该去练习颈后高位下拉、颈后推举等动作。有运动损伤的健身者也是如此。

4. 持续性原则

持续性原则需要考虑这个计划是否足够全面、计划的进阶策略是否合理。

计划的全面与否要从"身体部位的全面"和"动作的全面"两个方面考量。"部位的全面"是指这份计划是否有考虑胸、背、腿、肩所有的身体部位，而且最好是每周身体的所有肌群能够有至少两轮的循环训练。"动作的全面"是指，这份计划中的动作是包含了蹲、推、拉的基础动作（比如深蹲、罗马尼亚硬拉、俯卧撑、卧推、引体向上、划船等）以及蹲、推、拉的延伸辅助动作（比如剪蹲这样单侧的蹲类动作、比如哑铃卧推这样需要左右平衡的动作等），还要看计划中是否包含一些负责稳定的小肌群的训练（比如臀中肌、肩袖肌群、斜方肌中下束等）。如果这份计划无法保证"身体部位的全面"和"动作的全面"，就难以持续。如果这份计划的全面性不足（比如对于肩部训练不够重视），你就需要心里有数，在这个计划完成后，你需要做更多的缺失的训练（肩部训练）来弥补这份训练计划执行期间的缺失的内容。

训练计划的进阶策略也是健身者需要重点关注的内容。在你执行了一周训练计划后，该计划会如何进一步增加难度，是直接增加训练的重量，还是增加训练的组数和次数；还是缩短组间的休息时间，或者是其他的方式。训练计划的逐步进阶策略将决定健身者后续能否完成这份训练计划，也决定了健身者完成计划后的结果。健身者在执行计划的过程中，很容易遭遇进阶策略太激进或者太保守的情况。每个阶段的进阶策略都不太一样，比如新手阶段，每次深蹲训练加重5公斤是非常正常的，已经规律训练了3~4年的健身者再每次加重5公斤训练则过于激进了。关于进阶的策略，在下一章节会有详细的介绍。

在新手阶段，训练的进阶策略可以是在重量不变的情况下，增加训练的组数和次数；也可以是在组数和次数不变的情况下，增加训练的重量。一旦过了新手阶段，进阶的策略就会有所改变，每次想要增加重量的时候，最好我们也稍微降低一些训练组数或者次数，不然很容易出现无法完成后续计划的情况。

大多数健身者都能够完成一些非常知名的训练计划的前几周的内容，但是却无法完成接下来的训练。很多健身者都能够完成自己制订的前几次的训练计划，但却无法执行后续的训练。这就是计划不可持续。

对大多数健身者而言，计划不可持续的因素主要是强度增加太快和容量增加太快，以及训练的动作不够全面，导致弱项拖累健身者进步。

从上面对计划原则的讨论中，我相信大家能够明白，很少有通用的计划能够同时满足渐进性超负荷原则、专项性原则、个体差异原则和持续性原则四项原则。所以——**与其拿别人的计划进行训练，健身者不如自己为自己制订训练计划。**

本章总结

本章讲解了五个关于训练计划的重要概念，包括：

1. 超量恢复。超量恢复从多个角度解释了健身训练如何帮助你改变身材、提高体能。

2. 训练记录。训练记录的意义在于规范自己的训练内容，尽量让每次训练都能够达到超量恢复的效果。

3. 训练平台期。训练平台期产生的原因通常有四种：刺激不足、恢复不足、身体功能限制、动作技术不规范。

4. 不同训练项目的冲突。在一段时间内专注某一训练体系，才能取得更好的效果，朝三暮四容易一事无成。

5. 训练计划的四个原则。制订一份适合自己的计划一定要遵循：渐进性超负荷、专项性、个体差异、持续性这四个原则。

下一章，我们就将逐步讲解，与训练计划相关的各个变量。

看完这两个章节，你就能够明白，一个优秀的教练员如何为他的学员制订计划，一个严肃的健身者又会如何为自己制订适合自己的训练计划。

第三章

变量控制与动作选择：

训练计划的重点

制订训练计划可以很简单，也可以很复杂。简单的原因是，制订计划的步骤很短、需要考虑的变量也不多，你只需要按部就班地通过本书中的方法就能够制订一个适合自己、并且非常有效的训练计划；复杂的原因是，计划变量有无数种组合可能，有更高追求的健身者总想要追求最优化的训练计划，总希望有更多的进步空间，因此也就有了更多的考虑。

如果你只是想简单地提高一下身体素质，或只是想快快乐乐地锻炼一下身体，对身材或是力量水平并无太高追求，你并不需要严格地控制训练中的变量，也不需要去制订一个严格的训练计划，更没有记录训练计划的必要——这么做可能对你来说反而是一种束缚。

但如果作为一名有追求的健身爱好者想追求更加规范化、科学化的训练计划，或作为一名追求效益的健身者想要自己的训练都能够获得更高的回报，又或是你想成为一名业余力量举或健美运动员，那么，你就应该尽快搞懂训练计划中经常出现的那些"变量"，准备为自己制订训练计划打下一个基石。

第一节
计划变量控制1：频率和分化方式

在这一节中，我们要讨论的是，在制订计划时应该最先考虑的两个变量：训练频率和训练分化方式。

训练频率

训练频率通常有两种含义，一种指的是健身者一周训练几次；另一种指的是健身者把身体的某个部位一周练几次，或者在一周内练某个动作几次。

在这里，我们说的是前一种，即健身者一周训练几次。

"健身者一周训练几次"是训练计划中最重要也应最先被确定的变量。一周2次、3次、4次、5次的训练计划都有很大的不同。许多网络上的训练计划定死了一个训练模板，强制要求训练者一周要进行4次、5次甚至更多的训练，这就没有考虑到有不少上班族一周只能开展2或3次健身训练，或者健身入门者在开始健身时身体需要适应期的问题。很多刚开始健身的入门者，往往干劲实足，恨不得扎根在健身房天天训练。但这样的入门者训练三四次之后，就再也不去健身训练了，得到的反馈是：太累了，再也不想练了。当然啦，身体在过分地消耗之后，没有时间进行充分的恢复，身体自然吃不消，精神状态也会随之下降，那么不想训练也是非常正常的事情，这明显就是"恢复不足"的表现。所以刚刚开始健身的朋友们，一定要注意自己的训练频率，切勿操之过急。

> 训练水平越高，越能够承受高频率的训练。
>
> 对于初学者而言，一周2或3次的训练频率既能够保证有训练效果，又能够保证恢复充分。但对于已经训练了很久的健身者而言，训练频率是根据训练的目的、训练的方法来决定的，一周训练4次、5次、6次，甚至一周训练10次都是有可能的。

除此之外，低频率的训练计划容错空间较大，健身者在一次训练后有较长的恢复时间；而高频率的训练计划容错空间较少，健身者在一次训练后恢复时间较短。采用高频率方式进行训练的健身者，必须在每次训练前充分恢复，不能让上一次训练过多影响下一次的训练，下一次训练也要充分考虑到上一次训练可能会造成的"后续影响"。这就意味着训练者要有较丰富的训练经验，对训练变量有较深刻的理解。

分化方式

训练的分化方式指的是你是用什么样的方式完成一轮"全身肌群"或"全部动作模式"的训练。

　　许多教练员并不认为分化方式也应当算作计划的变量之一，但实际上训练的分化方式非常重要，它甚至很大程度地决定了你每次训练应当用多大的重量、多少的容量进行训练。**因为高频率、高容量、高强度三个训练特征无法在一个训练计划中兼顾。**

　　通常我会建议刚开始健身的初学者采用无分化（全身训练）的方式开展健身，待全身训练方式提高较慢时，再开始采用二分化（上、下肢训练）的方式开展健身；待二分化方式提高也较慢时，再开始采用三分化（胸、背、腿分化训练或者蹲、推、拉训练）的方式开展健身。

　　通常而言，无分化训练的方式，每个身体部位或者动作模式选择 1 或 2 个动作进行训练即可；二分化的方式，每个身体部位或者动作模式选择 2 或 3 个动作进行训练即可；三分化的方式，每个主要的身体部位或者动作模式选择 3 或 4 个动作进行训练即可。

　　比如全身训练的模式通常可以这么安排训练：2 个下肢训练动作 +2 个胸部训练动作 +2 个背部训练动作。全身训练的训练模式中不考虑单独训练手臂和单关节动作。

　　二分化的模式通常可以这么安排：第一次为上肢训练，安排3个胸部训练动作+3个背部训练动作，或者安排2个胸部训练动作+2个背部训练动作+2个手臂训练动作（肱二头肌与肱三头肌各一个）。第二次为下肢训练，安排3个下肢训练动作+3个肩部训练动作。二分化的模式中，肩部和手臂训练较少，主要还是应当考虑大肌肉群以及复合动作。

　　三分化的模式通常可以这么安排：第一次为腿部训练，安排 4 个下肢训练动作。第二次为胸部训练，安排 3 个胸部训练动作 +3 个肩部训练动作。第三次为背部训练，安排 3 个背部训练动作 +2 个手臂训练动作。三分化模式中，应当将大部分小肌肉群考虑进来，提升弱项，避免受伤。

　　有增肌需求的训练者，最常使用分化训练的方式来进行健身。

	特点	每周建议训练的天数	例子	备注
全身训练（无分化）	每个身体部位选择1或2个动作	2天~3天	下肢 ×2 胸部 ×2 背部 ×2	此时不考虑肩部、手臂等小肌群动作，也不考虑单关节动作
上、下肢分化训练（二分化）	每个身体部位选择2或3个动作	4天	第一天：上肢 胸部 ×3+背部 ×3 或胸部 ×2+背部 ×2+手臂 ×2 或胸部 ×2+背部 ×2+肩部 ×2 第二天：下肢 下肢 ×3+肩部 ×3 或下肢 ×3+手臂 ×2	此时肩部、手臂训练容量较低，主要还是以大肌群和复合动作为主
胸、背、腿分化训练（三分化）	每个身体部位选择3或4个动作	6天	第一天：下肢：下肢 ×4 第二天：背部：背部 ×3+手臂 ×2 第三天：胸部：胸部 ×3+肩部 ×3	此时应当将小肌肉群考虑进来

　　训练的分化方式主要根据两个因素来制订：一是健身者的"潜力"；另一个是健身者能够付出的训练时间。

　　我会建议资深健身者考虑二分化或者三分化的训练方式。二分化的训练方式需要健身者每周至少有4次完整的训练，三分化的训练方式需要健身者每周至少有6次完整的训练。

第二节

计划变量控制2：强度

在力量训练中，训练强度指的是训练动作所使用的配重，比如40公斤。在徒手训练动作中，也可以被指代动作的难度，比如平地俯卧撑和高台俯卧撑就是不同强度。

在力量训练中，训练强度的衡量单位通常有两种，一种是"RM"，即Repetition Maximum，意指最大的反复次数。比如小明12公斤重量的肱二头肌弯举完成10次就已经完全力竭。那么，对小明来说12公斤重量的肱二头肌弯举的强度就是10RM。

第二种指极限重量的百分比，比如小明能够用20公斤的哑铃完成1次的弯举，且再加上一点重量就无法完成，那么20公斤的哑铃对小明的肱二头肌弯举的训练强度来说就是100%，15公斤对小明来说就是75%的强度，10公斤对小明来说就是50%的强度。

这两种强度指标有一个大致的对应关系（该对应关系在卧推、深蹲等基础复合动作中较为精准，但不适用于单关节动作、爆发力动作）。

极限重量百分比与反复次数的关系	
极限重量百分比	可能的反复次数
100	1
95	2
93	3
90	4
87	5
85	6
83	7
80	8

（续）

极限重量百分比与反复次数的关系	
极限重量百分比	可能的反复次数
77	9
75	10
70	11
67	12
65	15

注：本表中数据来源于 NSCA、CSCS 的培训教材——《Essentials of Strength Training and Conditioning》

　　如果你是一名刚开始健身的人，建议你先从徒手训练动作开始练习，然后慢慢增加重量，先不用去确认训练强度，初学者建议循序渐进，慢慢找到适合自己的强度。直到你已经对健身这件事情已经有了相对丰富的经验，再去确认能够帮助自己提高的训练强度。

　　通常我们会认为：

　　6RM 以下（配重为极限重量的 85% 以上）的训练，属于高强度训练，健身者在这个强度下通常会采用 1~5 次的方式进行训练。这一训练主要发展的是绝对力量。

　　6~10RM（配重为极限重量的 75%~85%）的训练属于中高强度的训练，健身者在这个强度下通常会采用每组 5~8 次的方式进行训练。这一训练主要促进的是肌肉肥大，同时兼顾绝对力量的发展。

　　11~20RM（配重为极限重量的 60%~75%）的训练属于中低强度的训练，健身者在这个强度下通常采用每组 8~15 次的方式进行训练。这一训练主要促进的是肌肉肥大，同时兼顾肌耐力的提升。

　　20RM 以上（极限重量 60% 以下）的训练属于低强度训练，健身者在这个强度下通常采用每组 15 次以上的方式进行训练。这一训练主要是提升肌耐力。

　　健身者所采用的强度通常也会与训练的目的挂钩，想要增加绝对力量的健身者，通常会更多地使用高强度、中高强度进行训练。想要增加肌肉的健身者，通常会更多地使用中高强度和中低强度进行训练。想要增加肌肉耐力的健身者，通常会更多地采用低强度进行训练。

此处值得额外一提的是，很多人对 RM 这个概念有着较深的误解。

RM 是强度，而不是次数，RM 只是用"你能做得最多的次数"来衡量某个重量对你来说强度多大。

RM 这个概念甚至误导了很多人去追求"每组都一定要完全力竭"的训练方式。

正儿八经的计划很少会出现"用 12RM 的强度进行 4 组 12 次的训练"这样的字样。而如果你看到的计划是写"完成 4 组 12RM 的训练"，通常来说，就是只设定了强度和组数，次数是可以递减的，比如：4 组，每组 10 次、8 次、8 次、8 次。

举个简单的例子：

用 12RM 的强度进行 4 组 8 次的训练——较为合理

用 12RM 的强度进行 4 组 10 次的训练——会很吃力

用 12RM 的强度进行 4 组 12 次的训练——不可能完成

TIPS

从 RM 这个概念，我们再延伸出去。如果我们看到一个计划上，写着：深蹲'12RM'4 组，每组完成 8~12 次。或者写着：深蹲 80 公斤，4 组，每组完成 8~12 次。这通常意味着什么呢？这意味着健身者在拿到这份计划开始执行的时候，可能会出现两种情况：

第一种：深蹲的重量不变，每组递减训练次数。比如 12 次、10 次、8 次、6 次。

第二种：深蹲的重量不变，每组次数也不变。比如 8 次、8 次、8 次、8 次。

第一种情况，训练者每组都会力竭，最后几个动作有变形的风险。同时训练计划记录会比较复杂，需要记录的变量更多。

第二种情况，保证了动作规范，只有最后一组才有力竭的可能。训练计划记录较为简单，需要记录和分析的变量变少了。

当然，健身房内可能有第三种情况，就是在同伴的协助之下，强行完成 4 组 12 次的"力竭式"训练。我并不推荐这一种。

第三节

训练变量控制 3：容量

在大众健身领域，训练容量通常有总次数、总重量、总组数三种含义。

假设小明用 50 公斤的重量完成 5 组 10 次的深蹲。

对于第一种含义而言，小明该次训练量为 50 次（5 组 ×10 次）。

对于第二种含义而言，小明该次训练量为 2500 公斤（50 公斤 ×5 组 ×10 次）。

对于第三种含义而言，小明该次训练量为 5 组。

三种含义都比较常见，都可以用于衡量训练容量。训练容量这个变量主要是用于衡量健身者在一次训练、一周训练、一月训练中是否达到了自己的训练目标，衡量健身者与之前的训练相比是否有所进步。

一、怎么定义高容量、低容量的概念？

本书中会出现一些高容量、低容量的说法。

从总次数的角度来看。单次训练，高于 50 次的训练，我会称之为高容量。低于 25 次的训练，我会称之为低容量，在 25~50 次区间范围的，就称为中等容量。比如 5 组 3 次卧推，就可以说"这次训练卧推的容量很低呀！"

从总组数的角度来看。一周训练，单一部位 / 单一动作模式高于 20 组的训练，我会称之为高容量。低于 10 组的训练，我会称之为低容量。比如这周完成了 24 组的胸肌训练，就可以说"这周胸肌的训练容量很高呀！"

总重量由于加入了强度的因素，因此很难评估训练容量的高低。

二、训练容量和训练强度的关系

高训练强度通常与低训练容量搭配。

中等训练强度通常与中等训练容量搭配。

低训练强度通常与高训练容量搭配。

所以我们有时会看见这样的计划安排：

80% 强度，5 组 5 次。（中高强度，低容量）

65% 强度，4 组 10 次。（中等强度，中等容量）

50% 强度，10 组 10 次。（低强度，高容量）

事实上，我们可以很快速地搭配出数千种训练计划的组合方案。下面这个表格是我在 2016 年期间总结的，常见的训练容量和训练强度的搭配表：

训练强度等级	强度（RM）	极限重量百分比（%）	组数	次数	其他常见组合
低强度	20RM 以上	60 以下	6/7/8/9/10	15	4 组 25 次，5 组 20 次等
中等强度	15~20RM	60~65	3/4/5	12	
	12~15RM	65~67	3/4/5	10	6 组 8 次等
	10~12RM	67~75	3/4/5/6	8	3 组 10 次等
	8~10RM	75~80	3/4/5	6	
	6~8RM	80~85	3/4/5/6	5	3 组 6 次，4 组 7 次等
	4~6RM	85~90	3/4/5	4	
高强度	4RM 以下	90 以上	2 组 1 次，2 组 2 次；3 组 1 次，3 组 2 次，3 组 3 次；4 组 3 次，4 组 2 次，4 组 1 次		

训练强度 – 训练容量搭配表

上述表格中，我固定了每组训练的次数，但实际训练中，每组的次数可以左右浮动，比如低强度训练，训练者可以用每组 12 次、15 次、18 次的重复次数进行训练，也可以使用其他相近的训练次数进行训练。中等强度训练，训练者可以每组 8 次、10 次、12 次的重复次数进行训练，也可以采用相近次数进行训练。健身者可以根据实际情况进行次数安排，不必拘泥于章法。

三、训练强度、训练容量和训练频率的关系

当我们考虑频率这个训练变量的时候，计划会变得更加复杂。

通常来说，**训练频率、单次训练强度和单次训练容量三者是无法同时兼顾的。**

如果你每一次训练容量高、训练强度也大，那么你必然保持着较低的周训练频率。典型的例子就是俄罗斯的力量举运动员，一周训练 3 次，每次训练 3~4 小时。

如果你保持着较高的训练频率，你每次的训练强度也很高，那么你必然无法在一次训练中完成太多的训练容量。喜欢用 HIIT 减脂的健身者，就是案例。

如果你保持着较高的训练频率，又有较高的训练容量，那么你每次的训练强度肯定不会太高，许多健美运动员就是采用这样的方式训练。

四、三种训练容量统计方法的缺陷

前文说了训练容量可以用"总次数""总组数""总重量"作为衡量标准。但事实上，三种训练容量的统计方法都有不严谨之处。比如，小明完成"50 公斤、5 组、10 次"的深蹲，但如果想要更加精确地量化健身者的训练容量，我们还需要知道，这 5 组、10 次深蹲中，完成每一次深蹲小明用了几秒，小明身体和杠铃的移动距离是多少。

也就是说，这三种训练容量的统计方法都没有考虑到"训练动作的做功距离"和"训练动作的持续时间"这两个关键变量。

同样都是进行"50 公斤、5 组、10 次深蹲"的训练，半蹲、深蹲、全蹲的动作距离就有所不同，做的功也不一样，最终产生的效果也不同，然而"训练容量"的表述却是一样的。

再比如，完成同样的动作，较慢速完成和较快速完成，肌肉所受到的压力也有所不同，通常情况下，慢速完成动作时，肌肉会受到更大的代谢压力和肌肉损伤，但是"训练容量"的表述却也是一样的。

（一）使用"总重量"作为训练的统计方法，存在的缺陷

1. 使用"总重量"作为统计方法，本身不够直观。

2. 使用"总重量"作为统计方法，不够客观。有一种观点认为，只要训练中的总重量一样，那么训练的结果就一样。这种观点是非常片面的。持这种观点的健身者没

有考虑到动作差异、强度差异。持这种观点的健身者可能会为了提高训练容量，用大量低效动作堆积"垃圾训练量"。举例来说，200公斤深蹲和200公斤腿举的难度不可同日而语，一个训练者只能艰难地用200公斤深蹲完成3组3次的训练，但却可以非常轻松地完成200公斤腿举3组6次的训练，后者训练容量是前者的2倍，但是训练难度和训练压力却比前者要低，对绝对力量提高的帮助也不会超过前者。

3. 使用"总重量"作为统计方法，没有考虑到不同强度带来的身体适应素质的不同。比如同样都是完成3000公斤的训练，采用60%、75%、85%强度完成训练，训练难度是逐步递增的，带来的身体素质增长也是完全不同的，60%强度更容易促使肌肉耐力，75%强度更容易促使肌肥大，85%强度更容易增长绝对力量。

（二）使用"总组数"作为训练的统计方法，所存在的缺陷

不够精确。同样都是10组，10组飞鸟与10组卧推就有所不同；10组20次的训练量和10组3次的训练量也有所不同；10组非常痛苦的训练和10组非常轻松的训练也有所不同。

（三）使用"总次数"作为训练的统计方法，存在的缺陷

在训练强度相近（差距不超过极限强度的5%）的前提下，总次数作为训练容量的衡量标准才有意义。否则，60%极限强度的100次和80%强度的50次很难进行对比。因此总次数比较常被用于力量举训练中，因为许多力量举训练者都会采用80%~90%的强度进行训练，在大部分的训练时间里，他们的训练强度波动很小，因此采用总次数作为训练容量的衡量标准才有意义。

（四）跑步等位移训练，如何计算训练容量和训练强度？

跑步、游泳等位移训练主要通过训练路程、训练时间来计算训练容量。强度则与速度有关。

大家在进行"训练容量"统计的时候，心里要明白，即使训练动作、训练强度、训练容量都是相同的，训练的结果可能也有很大的不同。训练容量本身并不是一个绝对精准的训练变量，它只是一个相对精准的训练变量。它能够衡量我们的训练是否比前几次有所进步，但无法让你横向地与其他健身者进行对比，因为它不够精确。

第四节

训练变量控制 4：组间休息时间

组间休息时间又叫组间歇时间，指的是在某个动作中，组与组之间的休息时间。

一般来说组间休息时间会根据你的训练目的、训练强度、训练动作以及训练经验来决定。

1. **组间休息时间的长短受训练强度影响**：以心肺耐力、减脂为目的的训练计划，通常训练强度较低，容量较高，因此组间休息时间较短，控制在 20~60 秒；以增肌为主的训练计划，训练强度中等，组间休息时间通常控制在 30~120 秒；以增强绝对力量为主的训练计划，由于强度较高，通常休息时间会很长，大重量的深蹲、硬拉、卧推训练组间休息时间有时候会达到 3~5 分钟。

强度	供能系统	休息时间
高	磷酸原供能系统	180~300 秒
中	糖酵解供能系统	30~120 秒
低	有氧供能系统	20~60 秒

2. **组间休息时间的长短受训练动作影响**：小肌群的组间休息时间通常较短；孤立动作的组间休息时间也通常较短；器械动作的组间休息时间通常也比自由重量的组间休息时间短。

组间休息时间是一个很重要但也很容易被训练者所忽视的训练变量，如果你的训练停滞不前很久了，不妨从改变组间休息时间着手来制订计划。

曾经有个学员告诉我，在严格控制了训练重量和次数之后，他总是感觉自己训练效果没原来那么好。要么是重量太重，后几组无法完成训练次数；要么是重量太轻，练完了还觉得很轻松。

通过交流，我了解到他平常的组间休息时间并没有严格控制，通常在 60 秒左右，有时候会更长一些。我建议他这么做：用自己平常觉得比较轻松的重量，连续完成 5 组，组间休息时间控制在 30 秒，如果觉得比较困难，可以适当延长至 45 秒。

训练结束后，他告诉我，他的训练难度提升了很多，他的训练感受也发生了翻天覆地的变化。他感觉自己的肌肉要爆炸了。

这是因为缩短组间休息时间可以增加代谢压力。本书第五章第一节讲述了代谢压力增加促使肌肉肥大的原理，增肌者通常都会严格控制组间休息时间。力量举训练者通常较少严格控制自己的组间休息时间。

过长的休息时间会使肌肉的代谢压力降低，从而降低训练效果。过短的休息时间会使得训练的难度增加，身体恢复不足，从而难以规范完成训练计划。我会建议训练者通过两种方式严格控制自己的组间休息时间：

1. 配置一个功能单一的计时器。 如果采用手机这样的道具进行计时，建议在训练中不要使用手机的其他功能，否则非常容易在训练中分心，错过每组的训练开始时间。

2. 通过呼吸来严格控制组间休息时间。 普通人一次呼吸时间为 3~5 秒。如果自己设定的组间休息时间为 60 秒，通常只需要 20 次的呼吸就可以开展下一组的训练。

组间休息时间的控制非常考验健身者的执行力。

如果你不太懂应当如何设置自己的组间休息时间，不妨参考以下的方案：

采用低强度的重量进行 5×10 的训练，可以把组间休息时间控制在 30 秒、45 秒或者 60 秒。

采用中等强度的重量进行 5×10 的训练，可以把组间休息时间控制在 45 秒、60 秒、75 秒或者 90 秒，特殊情况可以增加至 120 秒。

采用高强度的重量进行 5×5 的训练，可以把组间休息时间控制在 180~300 秒之间。

TIPS　也有一些计划是不按照上述的套路出牌，特别是高组数的训练，比如 10 组 ×5 次、15 组 ×2 次的训练计划，往往会采用较高的训练强度，但是较短的组间休息时间（20~60 秒）。高组数低次数的训练能够让每组的动作质量变得更好，较短的组间休息时间又能够维持代谢压力和训练密度，不至于让健身者用太长的时间完成训练。

第五节

训练变量控制 5：动作

在健身中有很多的训练体系，比如以形体为导向的训练体系（健美健体）、以力量为导向的训练体系（力量举）、以功能性为导向的训练体系等。

一、不同训练体系看待动作的逻辑

这些体系看待训练动作的角度、挑选动作的逻辑是完全不同的。

1. 形体训练者挑选动作的逻辑

形体训练者看待训练动作的角度是从"肌肉群"出发的，他会考虑"这个动作是否对我的某块肌肉有帮助"：卧推可以练到我的肱三头肌、胸肌、三角肌前束；深蹲可以练到我的股四头肌、臀大肌、腘绳肌；弯举可以练到我的肱二头肌等。

在进行分化训练的时候，健美者通常也是根据肌肉群进行分化，比如：

零分化：全身肌群。

二分化：上肢肌群、下肢肌群。

三分化：胸部肌群、腿部肌群、背部肌群。

五分化：胸部肌群、腿部肌群、背部肌群、手臂肌群、肩部肌群。

在零分化和二分化的情况下，健身者为了保证训练的效率，就会优先考虑大肌肉群、复合动作，比如卧推、深蹲、硬拉、剪蹲、俯卧撑、引体向上、划船、推举等；在三分化和五分化的情况下，健身者则会更有针对性地选择动作。

（1）胸部肌群：俯卧撑、杠铃平板卧推、杠铃上斜卧推、哑铃卧推、双杠臂屈伸、

073

哑铃飞鸟、龙门架十字夹胸等。

（2）背部肌群：宽握俯身杠铃划船、俯身杠铃划船、器械划船、高位下拉、引体向上、单臂俯身哑铃划船、面拉等。

（3）腿部肌群：杠铃深蹲、罗马尼亚硬拉、剪蹲、臀桥、臀推、腿屈伸、腿举、腿弯举等。

（4）肩部肌群：杠铃推举、哑铃推举、俯身侧平举、侧平举、杠铃提拉、前平举、面拉等。

（5）手臂肌群：牧师凳弯举、上斜凳弯举、站立位弯举、仰卧臂屈伸、颈后臂屈伸、站立位臂屈伸等。

如果需要分得更加细致，还需要考虑小臂、小腿、腹部等肌群。胸部还可以再细分为胸中缝、上胸、下胸；肩部还可以细分为三角肌前束、中束、后束；背部还可以细分为上背、下背；腿部还可以细分为股四头肌、腘绳肌、臀部等。

2. 力量训练者挑选动作的逻辑

追求力量的训练者通常是采用力量举的训练体系进行训练，他们为了提高自己的深蹲、卧推、硬拉三大项动作成绩，看待训练动作的角度是从"这个动作是否对提高三大项成绩有帮助"的角度出发的。力量举训练者有时候会从"肌肉角度"去挑选动作，但更多时候则是从"动作模式"角度出发去挑选动作。

力量举训练者通常喜欢把动作分为三种类型动作：

（1）蹲类动作：深蹲、硬拉、罗马尼亚硬拉、剪蹲。

（2）推类动作：卧推、俯卧撑、双杠臂屈伸、推举。

（3）拉类动作：引体向上、高位下拉、划船。

有的力量举训练者会把这些动作进一步细分：

（1）深蹲类动作：杠铃深蹲、暂停深蹲、箱蹲、剪蹲、腿举、腿屈伸。

（2）硬拉类动作：传统硬拉、相扑硬拉、罗马尼亚硬拉。

（3）卧推类动作：杠铃平板卧推、哑铃卧推、杠铃窄距卧推、杠铃上斜卧推、俯卧撑。

（4）竖直推类动作：双杠臂屈伸、杠铃推举、哑铃推举。

（5）竖直拉类动作：引体向上、高位下拉。

（6）水平拉类动作：杠铃划船、TRX划船、自重反向划船、器械划船。

力量举的训练分化逻辑是按照动作进行分化训练。比如：

零分化：蹲、推、拉三类动作每次都训练。

二分化：一次练蹲＋推类动作，一次练拉类动作；或一次练推＋拉类动作，一次练蹲类动作；或一次练蹲＋拉类动作，一次练推类动作。

三分化：一次练蹲类动作，一次练推类动作，一次练拉类动作。

但值得一提的是，大多数的力量举训练者都是采用二分化的方式进行训练的，许多运动员会将卧推和引体放到同一天训练，硬拉和深蹲放到同一天训练，也有许多运动员会将卧推和深蹲，硬拉和深蹲安排到同一天训练。

我的力量举动作的分类方法与此方法类似，但填补了更多细节和注意事项，具体可以参看本书第六章第二节和第三节。

3. 功能性训练者挑选动作的逻辑

功能性训练者挑选动作的逻辑很简单：训练的动作能够迁移到日常生活中，能够迁移到体育的专项运动中。

功能性训练大师 Michael Boyle 曾经给出过功能性训练挑选动作的基本逻辑：

（1）不挑选坐姿和仰卧位的训练动作。因为只有极少数动作是采用坐姿或者仰卧位完成的（除了赛艇）。

（2）不挑选固定器械动作。因为没有任何一项运动是在固定的、非常稳定的环境中完成的。

（3）不挑选单关节动作。因为没有什么运动技能是只靠一个关节的活动完成的。这意味着，人在日常生活体育运动中，和人在健身房的固定器械的运动方式，是完全不同的。

在日常生活和竞技体育中，大部分的动作都是在站姿情况下去完成的，动作的稳定性也是由自身提供的，而不是由固定器械这样的外部环境提供的。因此，在选择动作的时候，优先考虑站立位、四点支撑位且需要身体负责维持稳定的动作（如俯卧撑、引体向上、反向划船、深蹲），把仰卧位、不需要身体稳定能力的动作排在后面（器械推胸、高位下拉、腿屈伸）。

4. 减脂者挑选动作的逻辑

减脂并不应该作为一个健身体系去看待，但由于这部分的人群实在是太庞大了，也由于太多的人都在询问减脂应当做一些什么样的训练，所以在这个部分我不得不讲述一下减脂者的动作选择逻辑。减脂者应当选择能够有较高热量消耗的训练，但同时也应当考虑减脂者的恢复能力、训练的频率等因素。所以，减脂者通常会选择以下三种类型的训练进行减脂：

（1）单位时间热量消耗低，但容易恢复的训练，比如跑步、游泳等长距离位移动作。这类训练的缺点在于单位时间内热量消耗不高，但是优点在于容易恢复，减脂者可以一周进行多次，也可以每次进行较长的时间。所以从长期来看，这类运动也能够累积不错的热量消耗。

（2）单位时间热量消耗高，但是不容易恢复的训练，比如深蹲、卧推、剪蹲等复合训练动作。减脂者选取这类动作训练时选取的强度应当维持在中低强度，每组次数在 10~20 次为佳。如果重量太重，则训练能够进行的次数就低，总消耗也会降低。

（3）单位时间热量消耗高，不容易恢复，同时要求减脂者有很强的训练基础的训练，比如波比、高翻等跳跃类动作、爆发力动作。

本节只是从不同的角度展示了训练目的的不同，会导致健身者在动作的选择上也有所不同。我建议健身者们专注自己的训练目的，从自己的目的出发去选动作、做计划，但同时也应当对其他训练体系进行了解和研究，这样能够更加明确不同动作的优劣，也更不容易被各类书籍或者科普文章所误导。

二、在制订计划时，挑选动作的原则

上个部分中我们讲了不同训练目的的健身者选择动作的逻辑，现在我们则要来讲讲，动作选择的数量问题、顺序问题。

很少有健身书籍会告诉初学者应当减少训练动作，大多数健身书籍往往会一次性罗列几百种号称"高效"的健身动作，告诉你这些动作都应该加入你的训练计划之中。

但是这些动作的价值都是一样的吗？显然不是。作为一名普通健身者，我们有必要练习那么多的训练动作吗？显然不必。比如史密斯深蹲在多数情况下都能够被杠铃深蹲取代，训练了俯卧撑和卧推之后没有必要再去做器械推胸的训练。如果不是训练经验非常丰富的健身者或者运动员，没有必要在训练计划里加入太多的动作。

在健身房里，很多人会花大量的时间在弯举这样的动作上，他们在肱二头肌上的训练时间甚至比胸背还要多，这并不是一种高效的训练方案。

假设你一周只能训练 3 次，每次只能训练 40 分钟。那么你一定会精挑细选，选择那些能够在短时间内给你带来最大价值的动作去练习，而绝对不应该花 30 分钟的时间在卷腹和弯举这类单关节、短位移的训练动作上。你需要把自己的时间分配给"训练价值更高"的训练动作。

诚然，每个动作都有自己的价值，但是对于大多数人而言，先练好那些适用范围最广、价值最高、最不能被替代的动作，再考虑次要一些的动作，这样做效率才最高。

每个人的训练时间是有限的，每个人的精力也是有限的，所以训练动作一定要精挑细选，尽量去选择那些训练价值更高的动作。价值更高的动作往往意味着用更少的精力就能够实现更多的训练效果，价值更高的动作意味着它被替代的可能性更低。

在选择动作前，还是要先确定自己的训练目的，然后再开始选择动作。如果是减脂的健身者，选择的动作应该以从代谢角度考虑，选择位移类动作、爆发类动作、跳跃类动作来进行减脂效果更好；如果是想要增加力量的健身者，应当多从蹲、推、拉等核心稳定的动作模式考虑，以提高力量增长；如果是想要增肌、塑形的健身者，则应该多从局部肌肉雕塑的角度去考虑动作。

因此，我列出了以下的动作排序原则：

原则 1：复合动作优先考虑

力量健身者通常会把训练动作划分为两种动作：孤立动作（单关节动作）、复合动作（多关节动作）。孤立动作指的就是只有单个关节参与的动作，比如哑铃弯举。复合动作就是指有多个关节参与的动作，比如深蹲、卧推、引体向上等。如果我们想用更少的精力实现更多的训练效果，那么就应当优先考虑复合动作的训练，从这个层面而言，作为复合动作的引体向上的训练价值就高于作为孤立动作的哑铃弯举。

复合动作的优势还在于它们可以使用更重的重量，进步的速度也更快。而孤立动作通常加重的速度较慢，进步的空间没有复合动作高。

我们不能否认单关节动作的价值，比如侧平举、俯身飞鸟都是很好的肩部损伤预防动作，弯举、臂屈伸、腿屈伸这类动作可以用于弥补训练中出现的某些短板问题。但初学者不应该花太多的时间在单关节动作上，复合动作才能够为初学者带来最大化的价值提升。对于成熟的健身者而言，单关节动作的选取尽可能排在复合动作选择完毕之后，容易让自己的动作选择思路更加清晰。

原则 2：大肌肉群的动作优先考虑

第二个筛选原则是优先考虑大肌肉群参与的动作，比如先考虑胸、背、腿、臀参与的力量训练动作。而腹部、手臂都是相对小的肌群。一般大肌肉群参与的动作，小肌肉群都会被带到训练。而小肌肉群参与的动作，并不一定会带到大肌肉群。比如说，我们练手臂的肌肉时，不一定能练到背部肌肉，但是练背部肌肉的时候一定能练到手臂肌肉。从这个层面而言，深蹲、硬拉的训练价值就会优于平板支撑，引体向上的训练价值就会优于弯举。

很多入门者刚开始训练的时候总是喜欢把目光放在肩部、手臂、腹部等肌肉群上，所以花了很多时间去练习侧平举、弯举、卷腹等动作，但问题在于入门者本身的训练量并不高，这么练很容易就遇到瓶颈。加上入门者肌肉量也不大，就算手臂、肩膀练出了一些效果，最后展现出的形体也没有特别大的变化。

原则 3：自由重量动作优先考虑

第三个筛选原则是，自由重量动作优先考虑。比如自由力量深蹲的动作难度和技术要求就大于腿举、腿屈伸这些固定器械，对身体稳定性、协调性、活动度都有更高的要求，也能够相应训练到我们更多的身体素质，我们训练时就可以优先考虑自由力量深蹲，之后再考虑是否要进行腿举、腿屈伸这些固定器械训练。

原则 4：能弥补短板的动作优先考虑

第四个筛选原则是，优先考虑能够弥补短板的动作。比如说有的人胸部肌肉很强，背部、肩部肌肉较弱，这时候就应该去考虑选取能够强化背部、肩部肌肉的训练动作；再比如有的人练习卧推时，底部启动能力较差，这时候就可以用暂停式卧推进行提高。

原则 5：适用范围广且具有功能性的动作优先考虑

功能性动作是适用范围最广、最容易迁移到其他的体育运动和日常生活中的动作。对健身者的日常生活和其他的运动项目也都有好处，所以也可以优先考虑进来。

原则 6：并不是动作越多越好

关于动作选取的第 6 个原则，则是尽量简化你的训练。优先选取那些训练价值最高的动作，榨干它！然后才去选取训练价值低一些的动作，再进一步榨干它！

很多人有一个错觉：越多，就越好。

但并非如此，有一些动作的训练价值明显高于另一些动作，你可以去榨干这些训练价值更高的动作。如果你在那些训练价值很低的动作上浪费了太多精力，你就无法获得更好的训练效果。如果你的训练目的是增加臀部的围度，那么负重深蹲、罗马尼亚硬拉、臀桥对你而言训练价值都很高，你应该花最多的精力和时间去榨干这些动作的价值，相比之下，腿屈伸、腿弯举这些动作可以暂时不必加入你的训练计划。直到你出现了训练短板，你再考虑加入腿屈伸、腿弯举这些动作也不迟。

如果你的目的是增加深蹲的极限重量，那你就应该优先去练习负重深蹲、硬拉，而不是把剪蹲、波比这些动作放在所有训练的最前面。

如果你的训练目的是练出一身肌肉，那你就不应该像那些刚刚走进健身房的新人一样，站在镜子前面做大量的哑铃弯举、锤式弯举、杠铃弯举，你应该去做俯卧撑、卧推、引体向上、深蹲、硬拉、推举，这些复合式动作才能够刺激你肌肉的生长，给你更好的训练效果。

以提高身体素质和生活质量为目的的健身者，我会更强调训练的功能性，我会建议健身者暂时先忽视局部肌肉，而按照"动作"去规划自己的训练计划，将训练动作划分为推、拉、蹲、旋转、支撑等类型。

以塑形、增肌为目的的健身者，我在训练初期，同样会让他们按照"动作"去规划自己的训练计划，但是入门之后，我会让他们更多地关注局部肌肉的"本体感受"，按照"肌肉"去规划自己的训练计划。

在日常生活和竞技体育中，大部分的动作都是在站姿情况下去完成的，动作的稳定性也是由自身提供的，而不是由固定器械这样的外部环境提供的。因此，我只有在特定情况下才会安排学员使用固定器械进行训练，也只有在特定情况下才会安排学员用单关节动作进行训练（比如体态矫正、运动损伤预防、短板弥补等）。

最直接的建议

你可能会问：有没有直接一些的建议？

如果你能使用杠铃，那么你应该优先考虑的动作是：深蹲、硬拉/罗马尼亚硬拉、剪蹲、卧推、引体向上、划船、俯卧撑、双杠臂屈伸、推举、反向划船、宽握杠铃划船。

如果你只能在家里练习，那么优先考虑的动作是：深蹲、剪蹲、俯卧撑、悬吊带反向划船/引体向上、波比跳。

除此之外，你还应当进行一些小肌群的训练和旋转类的训练以防止运动损伤。

在本系列的另一本书《量化健身：动作精讲》中会逐步剖析上述训练动作。

第六节

其他变量

前面几节介绍的六个变量（频率、分化方式、强度、容量、组间休息时间、动作）是在制订训练计划中最需要考虑的训练变量。而下面四个训练变量可以协助人们更好地调整训练难度和训练压力，为训练计划的刺激增加更多的可能性。

动作节奏

动作节奏可以分解成4个阶段：离心收缩阶段、动作底端等长收缩阶段、向心收缩阶段和动作顶端等长收缩阶段，每个阶段所用的时间可以被记录下来，四个阶段所用的时间共同被记录下来就会形成四个数字，这四个数字就代表着健身中的动作节奏。

大多数健身者所使用的训练节奏是1010。以深蹲为例：

第一个数字1代表着离心收缩阶段健身者下蹲至最低点所用的时间。

第二个数字0代表着健身者在最低点所停留的时间。

第三个数字1代表着向心收缩阶段健身者站起来所用的时间。

第四个数字0代表着健身者在动作最高点所停留的时间。

所以1010代表着：

用1秒下放重量；

底部没有停顿，0秒；

用1秒举起重量；

顶端没有停顿，0秒。

4020 代表着：

用 4 秒下放重量；

底部没有停顿，0 秒；

用 2 秒举起重量；

顶端没有停顿，0 秒。

2310 代表着：

用 2 秒下放重量；

在底部停留 3 秒；

用 1 秒举起重量；

顶端没有停顿，0 秒。

　　动作节奏经常会被一些教练写入到学员的训练计划中去，比如：深蹲 80 公斤，5 组 5 次，组间休息时间 90 秒，节奏 2310，他们认为这样有助于更加精细化地管理学员的训练。但动作节奏也被另一些教练或者运动员嗤之以鼻，他们认为过于关注动作节奏反而会让训练者在训练时无法把注意力放在动作上，从而影响到训练效果。

　　我认为偶尔地改变动作节奏，延长或者缩短某个动作阶段的时间有助于训练者调整训练的难度，更好地控制训练的过程。比如某位训练者在训练中一直停滞在某个重量无法进一步提升，最简单的进阶方式就是增加该重量的动作时间，改变动作节奏（比如从原来的 1010 改变为 2310 或者 4020）。但该动作节奏不适合像容量、强度那样频繁进行调整，偶尔的改变有助于训练提高，但过于频繁的改动容易让训练刺激产生波动，违背了渐进性超负荷的原则。

动作速度

　　我们可以把动作速度进行一定的区分：爆发力速度（最快速度）、快速、正常速度、有控制的速度（比常规速度略慢）、慢速。不同的动作速度对我们身体产生的刺激也有所不同。

　　追求力量的训练者通常会采用较快的速度完成动作，因为较快的速度有助于完成更大重量的训练。而追求肌肥大的训练者通常会采用较慢的速度完成动作，因为慢一些的动作速度能够让肌肉在单次动作获得更多的代谢压力。

　　动作速度与动作节奏两者有许多相通之处，动作速度主要的关注点在于动作向心

081

和离心阶段的速度。而动作节奏更加关注动作不同阶段所花费的时间。

动作幅度

在不改变组间休息时间、强度、容量等因素下，我们可以通过改变动作幅度来实现想要改变训练压力的要求。

以深蹲为例，我们可以增加深蹲的做功距离，比如每次深蹲都蹲到大腿与小腿相贴合的程度，这么做能够在不加重量的情况下，让深蹲变得更难。也可以缩短深蹲的做功距离，每次蹲到臀部略高于膝盖的位置就站起来，这样能够完成更大重量的深蹲训练。

以硬拉为例，我们可以在不改变重量的情况下，通过把杠铃垫高的方式降低硬拉的难度，也可以通过把人垫高的方式来提高硬拉的难度。

次间间歇

次间间歇是常被健身者所忽视的变量，它指的是在同一组动作两次重复之间的间歇时间。通常来说，健身者会有三种次间间歇方式：无间歇、短间歇、长间歇。

无间歇：动作间没有间歇时间。健美者、增肌者通常会采用这种方式训练，该间歇方式遵循着上举时呼气，下放时吸气的呼吸方法。该间歇方式使得每个动作不是相互独立的动作，而是连贯的"一个又一个动作"，其目的是为了保持肌肉的持续紧张。该间歇方式所使用的训练强度通常不高。

短间歇：动作间间歇大概一次呼吸的时间。力量举训练者通常会采用这种方式训练，该间歇方式采用瓦式呼吸，在动作开始时进气，动作过程中憋气，一次动作结束，下次动作开始时换气。该间歇方式所使用的训练强度通常较高。

长间歇：动作间间歇多次呼吸的时间。此间歇方式通常意味着训练强度过高、组间休息时间过短或是训练容量过大。

接下来的内容，你应该怎么阅读？

从本章的讨论中，我们能够了解到，训练计划中的变量有无数种组合。你可以控制这些变量为自己制订合适的计划，并在合适的时机调整变量，让计划变得更加有效。然而许多健身者甚至许多健身教练只会从最基础的训练强度和训练容量下着手制订计划，这就导致了他们制订的训练计划千篇一律、没有针对性、容易遇到瓶颈。

在接下来的章节中，我们将从初学者、增肌者、力量举训练者和减脂者的角度，讨论如何制订计划。你可能是一个初学者，你也可能已经训练了一段时间，你的训练方式可能是增肌、减脂、健力中的任意一个。因此在接下来的部分中，你可能会跳过其中的某些章节，直接阅读自己感兴趣的部分。

但我不建议你这么做。我建议你在读完自己感兴趣的部分之后，再回头读读其他部分的内容。

为了使本书更加简洁易读，在初学者计划、减脂计划、增肌计划、力量举计划中我讲解了计划中的不同侧重点。

在第四章的"初学者L2计划模板"中，我重点讲解了该计划的"进阶策略"，以及各种"进阶策略"的搭配组合方式。该内容对增肌者、力量举训练者都会有很大的启发。

在第五章的"拆解增肌训练"中，我重点讲解了训练分化方式的逻辑、如何通过训练周容量的来制订计划。我还详细讲解了营养饮食、睡眠、性格、性别等个体差异会对力量训练产生的影响。这些内容对于减脂者、力量举训练者依然适用。

在第六章的"拆解力量举训练"中，我重点讲解了力量举计划中动作的种类、辅助动作对主项动作的影响。

在第七章的"拆解减脂训练"中，我从初学者、有运动经验的减脂者和有专项需求的健身者三个角度讲解了如何开展减脂训练。

本书的第二~七章都是对于训练计划的讲解，如果你在本书计划部分花费越多的时间，你对训练计划的理解也会越加深刻。

通过对本书计划部分 3 小时左右的阅读学习和 1~2 周的实践，你应该能够达到：对健身中的训练计划有所了解，并能更加科学理性地看待计划，初步具备制订计划的能力。

通过对本书计划部分 12 小时左右的阅读学习和 1~3 个月的实践，你应该能够达到：为自己制订一份非常合理、科学的训练计划的水平。

通过对本书计划部分 36 小时左右的阅读学习和 6~12 个月的实践，你应该能够达到：对训练计划已经有着相当深刻的理解，可以开始自主学习大学的运动学教材或者开始参加一些专业的教练培训了。

第四章

初学者的健身计划模板

第一节
制订初学者计划的步骤和思路

在大众健身领域，健身者的训练目的通常可以被归类为四种：增肌、减脂、增强力量、保持健康。无论你是何种训练目的，只要你还不懂健身，我都建议你从初学者的计划开始训练。

因为无论是追求肌肉增长，追求减脂，还是追求力量，或者是为了保持健康的健身者都会用俯卧撑、深蹲、罗马尼亚硬拉、剪蹲、划船等基础健身动作进行训练。这些动作是所有健身者一开始都需要学习的动作。

而本章中的初学者计划中就包含了这些动作，因此本章的初学者计划的适用范围颇广。

我在为初学者制订计划时，主要考虑的是：

如何能够让初学者更规范地学习动作；

如何能够更全面地提高初学者的身体素质；

如何能够让初学者更好地保持健身习惯。

正是基于上述三点考虑，在初学者阶段，我不会安排太高的训练容量和训练的强度，在制订计划时，我会保证初学者动作的规范性和正确性。训练强度和容量太大容易导致初学者在练习时动作变形，建立错误的动作模式；也容易影响到初学者的日常生活，使得"健身"这个行为不容易坚持下来成为习惯。在初学者计划中，进阶的策略也应当简洁一些，只考虑增加训练容量、增加训练强度和缩短组间歇时间三种方式就足够了。

在为不同初学者制订计划时，我会着重考虑计划执行者的年龄、基础身体素质、运动伤病和营养情况四点。比如年龄大于 50 岁的初学者恢复能力较差，安排训练容量低一些、训练频率低一些的计划（一周 2 次）会更好；而年龄低于 30 岁的初学者，则可以安排更高频率的训练（一周 3 次）。身体素质较好的健身者，可以一开始就安排强度和容量中等偏高的训练计划；身体素质较差的健身者，则应当安排较低的强度和容量。有运动损伤的初学者应当遵循医嘱，避免会加重损伤的动作；如果营养饮食情况良好的初学者，则可以考虑略微激进一些的进阶策略。对于性别、日常生活状态、主观需求等要素我不会重点考虑，因为这些内容对初学者的计划目的和结果影响不大，因此不用重点考虑。再次强调，初学者计划的目的是：提高身体素质、保持运动习惯和学习健身动作。

说完了计划制订的思路，接下来介绍我为初学者制订计划的步骤：

第一步，确定一周训练的频率和训练的分化方式。训练频率的确定和训练的分化方式主要根据两个因素来制订：一是健身者的"潜力"，二是健身者能够付出的训练时间。我会安排初学者进行全身训练，每周训练 2 或 3 次即可。不得低于每周 2 次训练，也没有必要高于每周 3 次训练，有余力的可以再额外增加低强度有氧训练。如果一开始频率高于每周 3 次，容易恢复不足，如果频率低于每周 2 次则不利于习惯养成，也没有训练效果。

第二步，确定训练的动作。这个内容在第三章第五节"动作"的部分我们已经讨论过了。如果你能使用杠铃，那么应该优先考虑的动作是：深蹲、硬拉／罗马尼亚硬拉、剪蹲、卧推、引体向上、划船、俯卧撑、双杠臂屈伸、推举、反向划船、宽握杠铃划船。如果你只能在家里练习，那么优先考虑的动作是：深蹲、剪蹲、俯卧撑、悬吊带反向划船／引体向上、波比跳。

第三步，确定单次的训练容量。在初学者阶段，如果健身者身体素质较差，则建议上肢安排 2 个动作，下肢安排 1 个动作，核心安排 1 个动作，每个动作累计完成 30 次以上即可（初学者 L1 计划就是如此）。如果健身者的身体素质较好，则建议上肢安排 4 个动作，下肢安排 2 个动作，核心安排 1 个动作，每个动作累计完成 30~50 次即可（初学者 L2 计划就是如此）。

第四步，确定训练强度。建议用自己能够控制的最轻的重量开始训练，宁轻勿假，优先保证动作规范。

第五步，确定组间休息时间。组间休息时间控制在 30~60 秒，过长的休息时间容易让初学者感觉到无聊、不利于训练习惯的养成；过短的休息时间可能会导致训练压力较大，降低初学者对动作的掌控程度。

第六步，确定计划进阶的策略。 初学者计划的进阶策略应当尽量简单。主要从增加训练容量、增加训练强度和缩短组间休息时间三个方面考虑。

以下就是根据上述步骤，制订出的两个简易的初学者计划模板。计划模板案例将在后面两节详细阐述。

初学者 L1 模板（适合亚健康、瘦弱的人群）
"1 个下肢动作 +1 个上肢推类动作 +1 个上肢拉类动作 +1 个核心动作"。
徒手强度。每个动作 3 组 10 次。组间休息时间 60 秒。

初学者 L2 模板（适合身体素质佳、有运动习惯人群）
"2 个下肢动作 +2 个上肢推类动作 +2 个上肢拉类动作 +1 个核心动作"。
15~20RM 强度。每个动作 2 组 10 次。组间休息时间 60 秒。

这里有三个初学者，他们就可以根据自身的情况，采用不同的模板、不同的频率来开展训练。

初学者 1：小红，女，年龄 20 岁，体重 60 公斤，身高 160 厘米，是一名没有运动习惯的大学生，空余时间较多，睡眠质量较好。其目的是减脂。建议小红采用初学者 L1 模板，每周训练 2 或 3 次。

初学者 2：老王，男，年龄 53 岁，体重 80 公斤，身高 175 厘米，没有运动习惯，经常应酬，睡眠质量较差。其目的是保持身体健康和减脂。建议老王采用初学者 L1 模板，每周训练 2 次。

初学者 3：阿光，男，年龄 30 岁，体重 73 公斤，身高 170 厘米，平常有一些球类运动习惯，但没有系统训练，睡眠质量一般，可以保证良好的营养饮食摄入，其目的是增肌。建议阿光采用初学者 L2 模板，第一周训练 2 次，第二周开始，每周训练 3 次。

第二节

初学者 L1 计划模板

这是一个无分化的全身训练计划。该计划每次均采用"1 个下肢动作 +1 个上肢推类动作 +1 个上肢拉类动作 +1 个核心动作"进行训练。

一、计划模板

项目	强度	组数	次数	组间休息时间	感受 / 建议	后续加重策略
深蹲	徒手	3 组	10 次	60 秒		
俯卧撑	徒手	3 组	10 次	60 秒		
悬吊带划船	徒手	3 组	10 次	60 秒		
卷腹 / 平板支撑		3 组	力竭	30 秒		

二、注意事项

1. 该计划适用于亚健康人群、身体素质较差人群。

2. 该计划的训练频率为每周 2 或 3 次。如果你的时间不多、运动基础较差，每周完成 2 次表格中的计划即可。如果你有足够的时间，日常休息饮食情况也较良好，建议每周完成 3 次计划。

3. 该计划可以持续执行的时间：2~3 周。

三、进阶策略

大多数人第一次完成这个计划之后都会觉得这个计划并不难，因此想要让这个计划变得更难，有 3 个较为简单的方式：

1. 增加每个动作的组数，你可以将现有的动作组数从 3 组增加为 4 组、5 组等，但目前阶段不建议超过 5 组。

2. 增加每组动作的训练次数，你可以将现有的次数增加为 12 次、15 次、18 次、20 次等，但目前阶段不建议超过 20 次。

3. 缩短每个动作的组间休息时间，你可以将现有的组间休息时间缩短为 50 秒、45 秒、40 秒、30 秒等，但目前阶段不建议组间休息时间低于 30 秒。

该计划通常只会被使用 4~6 次，就会换为 L2 计划，所以基本不容易遇到瓶颈。建议训练者优先考虑增加每组组数、其次考虑增加每组动作次数，最后考虑缩短组间休息时间。训练者每次采取其中一种方式进阶即可，等到该进阶策略进步较慢后，再采用其他的进阶方式。

所以，6 次的训练安排可以是这样的：

第 1 次训练

项目	强度	组数	次数	组间休息时间	感受 / 建议	后续加重策略
深蹲	徒手	3 组	10 次	60 秒		
俯卧撑	徒手	3 组	10 次	60 秒		
悬吊带划船	徒手	3 组	10 次	60 秒		
卷腹 / 平板支撑		3 组	力竭	30 秒		

第 2 次训练（相比第 1 次，增加每个动作的组数）

项目	强度	组数	次数	组间休息时间	感受 / 建议	后续加重策略
深蹲	徒手	4 组	10 次	60 秒		
俯卧撑	徒手	4 组	10 次	60 秒		
悬吊带划船	徒手	4 组	10 次	60 秒		
卷腹 / 平板支撑		3 组	力竭	30 秒		

第 3 次训练（相比第 2 次，增加每个动作的组数）

项目	强度	组数	次数	组间休息时间	感受 / 建议	后续加重策略
深蹲	徒手	5 组	10 次	60 秒		
俯卧撑	徒手	5 组	10 次	60 秒		
悬吊带划船	徒手	5 组	10 次	60 秒		
卷腹 / 平板支撑		3 组	力竭	30 秒		

第 4 次训练（相比第 3 次，减少组数，增加每组动作的次数）

项目	强度	组数	次数	组间休息时间	感受 / 建议	后续加重策略
深蹲	徒手	3 组	15 次	60 秒		
俯卧撑	徒手	3 组	15 次	60 秒		
悬吊带划船	徒手	3 组	15 次	60 秒		
卷腹 / 平板支撑		3 组	力竭	30 秒		

第 5 次训练（相比第 4 次，增加每个动作的组数）

项目	强度	组数	次数	组间休息时间	感受 / 建议	后续加重策略
深蹲	徒手	4 组	15 次	60 秒		
俯卧撑	徒手	4 组	15 次	60 秒		
悬吊带划船	徒手	4 组	15 次	60 秒		
卷腹 / 平板支撑		3 组	力竭	30 秒		

第 6 次训练（相比第 5 次，增加每个动作的组数）

项目	强度	组数	次数	组间休息时间	感受 / 建议	后续加重策略
深蹲	徒手	5 组	15 次	60 秒		
俯卧撑	徒手	5 组	15 次	60 秒		
悬吊带划船	徒手	5 组	15 次	60 秒		
卷腹 / 平板支撑		3 组	力竭	30 秒		

6 次的训练安排还可以是这样的：

第 1 次训练

项目	强度	组数	次数	组间休息时间	感受 / 建议	后续加重策略
深蹲	徒手	3 组	10 次	60 秒		
俯卧撑	徒手	3 组	10 次	60 秒		
悬吊带划船	徒手	3 组	10 次	60 秒		
卷腹 / 平板支撑		3 组	力竭	30 秒		

第 2 次训练（相比第 1 次，增加每组动作的次数）

项目	强度	组数	次数	组间休息时间	感受 / 建议	后续加重策略
深蹲	徒手	3 组	12 次	60 秒		
俯卧撑	徒手	3 组	12 次	60 秒		
悬吊带划船	徒手	3 组	12 次	60 秒		
卷腹 / 平板支撑		3 组	力竭	30 秒		

第 3 次训练（相比第 2 次，增加每组动作的次数）

项目	强度	组数	次数	组间休息时间	感受 / 建议	后续加重策略
深蹲	徒手	3 组	15 次	60 秒		
俯卧撑	徒手	3 组	15 次	60 秒		
悬吊带划船	徒手	3 组	15 次	60 秒		
卷腹 / 平板支撑		3 组	力竭	30 秒		

第 4 次训练（相比第 3 次，增加每组动作的次数）

项目	强度	组数	次数	组间休息时间	感受 / 建议	后续加重策略
深蹲	徒手	3 组	18 次	60 秒		
俯卧撑	徒手	3 组	18 次	60 秒		
悬吊带划船	徒手	3 组	18 次	60 秒		
卷腹 / 平板支撑		3 组	力竭	30 秒		

第 5 次训练（相比第 4 次，减少每组动作的次数，增加每个动作的组数，减少组间休息时间）

项目	强度	组数	次数	组间休息时间	感受 / 建议	后续加重策略
深蹲	徒手	4 组	15 次	45 秒		
俯卧撑	徒手	4 组	15 次	45 秒		
悬吊带划船	徒手	4 组	15 次	45 秒		
卷腹 / 平板支撑		3 组	力竭	30 秒		

第 6 次训练（相比第 5 次，增加每组动作的次数，增加组间休息时间）

项目	强度	组数	次数	组间休息时间	感受 / 建议	后续加重策略
深蹲	徒手	4 组	18 次	60 秒		
俯卧撑	徒手	4 组	18 次	60 秒		
悬吊带划船	徒手	4 组	18 次	60 秒		
卷腹 / 平板支撑		3 组	力竭	30 秒		

第三节

初学者 L2 计划模板

当你觉得前文的计划太简单的时候，你就可以开始增加训练动作，让训练变得更丰富，同时也更难。这依然是一个无分化的全身训练计划。该计划每次均采用"2 个下肢动作 +2 个上肢推类动作 +2 个上肢拉类动作 +1 个核心动作"进行训练，你也可以认为这个计划是每次采用"2 个臀腿动作 +2 个胸部动作 +2 个背部动作 +1 个腰腹动作"进行训练。

一、案例模板

项目	强度	组数	次数	组间休息时间	感受 / 建议	后续加重策略
深蹲	15~20RM	2 组	10 次	60 秒		
罗马尼亚硬拉	15~20RM	2 组	10 次	60 秒		
俯卧撑	15~20RM	2 组	10 次	60 秒		
杠铃卧推	15~20RM	2 组	10 次	60 秒		
引体向上 / 高位下拉	15~20RM	2 组	10 次	60 秒		
自重划船 / 器械划船	15~20RM	2 组	10 次	60 秒		
卷腹 / 平板支撑		2 组	力竭	30 秒		

二、注意事项

1. 在这个阶段，你可以负一些重量进行训练。所使用的配重通常建议在你能够完成 15~20 次左右的重量，每组做 10 次。

2. 该阶段，训练者的主要训练目的仍是学习动作，因此动作规范最重要，不必做到力竭，做到心跳加快、身体肌肉有感觉即可。

3. 上述表格中的计划是一个基准。你可以增加动作组数、每组次数、训练重量，让这个计划变得更难，也可以减少它们，让这个计划变得更简单。

4. 该计划的训练频率为每周 2~3 次，可以持续进阶 8~12 周而不会遇到平台期。如果你遇到了平台期，你可以采用更换动作，或者交替变换进阶策略的方式迅速突破平台期。

5. 无论你的健身目的是增肌、减脂还是保持身体健康，你都可以长期使用初学者 L2 计划模板。这个计划适合大多数人。这个计划稍微改动就可以变成增肌计划或者减脂计划。在本书增肌的部分，我讲述了如何将初学者 L2 计划转变为增肌计划。

三、制订思路

该计划是 L1 的进阶版本。

L2 计划用了更多的训练动作，L2 计划的动作选择上依然是采用大肌群、复合动作优先考虑的原则。

该计划中下肢选取了深蹲和罗马尼亚硬拉两个动作。这是因为深蹲能够更多地刺激到股四头肌，罗马尼亚硬拉能够更多地刺激到腘绳肌，两者互为拮抗肌群，对下肢肌肉平衡发展有较大帮助。胸部动作选取了俯卧撑和杠铃卧推两个动作，其中一个是自重动作，一个是杠铃类动作，两者可以互为补充，杠铃卧推能够让健身者用较大的阻力训练，俯卧撑能够对健身者的肩袖稳定能力、肩胛骨控制能力、核心稳定能力都有所提高。背部训练选取了引体向上 / 高位下拉和划船类动作，其中一个是竖直拉类动作，一个是水平拉类动作，亦能互相补充。

四、进阶策略

L2 计划由于加入了较多的动作，所以相比 L1 计划，L2 计划有至少三种进阶策略、六种变量调整方法，在其中一种进阶策略无法执行的情况下，健身者可以更换为另一种进阶策略，所以该计划也能够有更长的执行时间。三种进阶策略和六种变量调整方法如下：

1. 增加训练容量

（1）可以增加组数（建议上限为 5 组）。

（2）可以增加每组次数（建议上限为 15 次）。

2. 增加训练强度

（1）直接加重（建议上肢动作每次增加 2.5 公斤，下肢动作每次增加 2.5 公斤或 5 公斤）。

（2）在降低每组动作次数（建议每组次数不低于 5 次）的情况下，加重。

（3）在延长组间休息时间（建议组间休息时间不超过 120 秒）的情况下，加重。

3. 缩短组间休息时间（建议不低于 30 秒）

五、初学者 L2 进阶策略举例

根据本节第四和第五部分的进阶策略，我们列举三个健身者，结合他们的特点，为他们做好 L2 计划后续的进阶策略。

案例 1

小 a 刚刚学会深蹲，他的加重策略较保守，不太敢增加强度，所以建议他优先增加容量。假设他每周练两次，他的 5 周深蹲训练计划如下：

第一次：50 公斤 3×10

第二次：50 公斤 4×10 （较上次增加组数）

第三次：50 公斤 5×10 （较上次增加组数）

第四次：50 公斤 5×15 （较上次增加每组次数。同时深蹲次数从 10 次增加到 15 次，属于比较激进的增幅，若后续几组无法完成，可以将后续组降次为 12 次或 10 次。）

第五次：50 公斤 5×15 （上次训练若无法完成，该次训练尝试继续完成。）

第六次：55 公斤 3×10 （降低组数和次数，增加强度。5 组 15 次对初学者而言训练容量已经颇高，此时不建议继续增加训练容量，而小 a 在增加重量方面又较为保守，因此我们在加重的同时将容量降低至第一次的水平，以减轻他的心理负担。通过将近三周的训练，此时他应该可以较为轻松地使用新重量。）

第七次：55 公斤 4×10 （较上次增加组数）

第八次：55 公斤 5×10 （较上次增加组数）

第九次：55 公斤 5×12 （较上次增加每组次数）

第十次：60 公斤 3×8 （较上次降低组数和次数，增加强度。）

……

上述案例主要用了增加组数、增加每组次数、降低容量同时增加强度三种进阶策略。该进阶策略完全基于"小 a 不敢加大深蹲重量"的心态进行的，因此在进行进阶时，我们优先增加小 a 的深蹲训练容量，而不是训练重量；只有当小 a 的训练容量高于 50 次时，我们才会在下一次为小 a 增加深蹲的重量。

这种进阶策略虽然看起来保守，但却是最适合小 a 的。

案例 2

小 b 是卧推技术相对熟练的男生，也喜欢加重，所以建议他在保证容量的基础上尽可能增加强度。假设他一周练两次卧推，他的 4 周卧推训练计划如下：

第一次：70 公斤 3×10

第二次：70 公斤 4×10 （较上次增加组数）

第三次：75 公斤 3×8 （较上次降低组数和每组次数，增加强度）

第四次：75 公斤 4×8 （较上次增加组数）

第五次：75 公斤 4×10 （较上次增加每组次数）

第六次：80 公斤 3×8 （较上次降低组数和每组次数，增加强度）

第七次：80 公斤 4×8 （较上次增加组数）

第八次：90 公斤 3×6 （较上次降低组数和每组次数，增加强度）

......

上述案例主要用了增加组数、增加每组次数、降低容量同时增加强度三种策略。上述的进阶策略完全基于"小 b 喜欢增加训练强度"的心态考虑，当某个强度小 b 有余力完成 30 次以上的训练总次数时，我们就尝试为小 b 增加训练强度。

但需要注意，这种进阶策略虽然看起来进步较快，也适合小 b，但容易遇到"强度增长的瓶颈"，一旦遇到卧推重量增长不上去的情况，我会建议小 b 在有余力完成 50 次以上的训练总次数时，再考虑增加训练强度。

案例 3

小 c 为肌肉量较少的女生，卧推重量增长幅度较慢，15 公斤能够完成多次，但是 17.5 公斤却只能完成 1~2 次，因此小 c 在无法增加容量或强度时，选择其他的进步方法。假设她每周练两次，她的 6 周卧推训练计划如下：

第一次：15 公斤 3×8 60 秒

第二次：15 公斤 4×8 60 秒 （较上次增加组数）

第三次：15 公斤 5×8 60 秒 （较上次增加组数）

第四次：15 公斤 5×8 30 秒 （此时小 c 已经完成了 4 次卧推训练，但由于小 c 肌肉量较低，此时加重或是继续增加容量小 c 很可能无法完成，因此将进阶策略变为缩短每组的休息时间，如果 30 秒组间休息时间较短，后面几组无法进行，可以先缩短为 45 秒或者是维持 60 秒，下次再缩短为 30 秒）

第五次：15 公斤 5×8 30 秒 （上次训练若无法完成，该次训练尝试继续完成。）

第六次：17.5 公斤 3×8 120 秒 （小 c 第一次卧推加重，采用相对保守的策略，降低组数、同时增加组间休息时间，不降低次数的原因是，我们需要尽量让小 c 维持她现有的训练容量，否则肌肉难以进一步增长）

第七次：17.5 公斤 4×8 120 秒 （较上次增加组数）

第八次：17.5 公斤 5×8 120 秒 （较上次增加组数）

第九次：17.5 公斤 5×8 90 秒 （较上次缩短组间休息时间）

第十次：17.5 公斤 5×8 60 秒 （较上次缩短组间休息时间）

第十一次：17.5 公斤 5×8 30 秒 （较上次缩短组间休息时间）

第十二次：20 公斤 3×8 120 秒 （此时训练进阶策略同第 6 次）

第十三次：20 公斤 4×8 120 秒 （较上次增加组数）

该计划相对保守，加重较慢，但是非常适合那些独自在健身房内训练的女生。如果能有教练指导，或是小 c 有更高的训练频率（1 周 3 次），该计划的进步速度会更快一些。

六、进阶策略的注意事项

通过以上三个案例，大家应该大概知道如何进行训练计划的进阶了吧？

以下是我给希望执行初学者 L2 计划的朋友的一些简单的建议：

1. 如果你害怕上重量， 那么你就优先增加"训练容量"，即训练的组数和次数。当一个动作能够累计完成 50 次时（比如 4 组 15 次或者 5 组 10 次），再考虑增加"训练强度"，即重量。如果容量和强度都无法增加了，可以考虑缩短"组间休息时间"。

2. 如果你喜欢增加重量，喜欢激进一些的训练， 那么你可以在一个重量能完成 30 次时（比如 3 组 10 次或 4 组 8 次），就增加重量。

3. **在增加训练容量时：**

（1）建议优先增加总组数，保证强度与次数不变，直到单一动作的组数达到 5 组为止。

（2）如果组数无法继续增加，可以考虑增加每组次数，保证强度与组数不变，直到每组的次数达到 15 次。

4. **在增加训练强度（重量）时：**

（1）建议初学者的上肢动作单次加重可以在 2.5 公斤左右；下肢动作单次加重可以在 2.5~5 公斤之间，可以更轻，不要更重。

（2）若加了最少配重，却无法完成规定的次数，则降次保强度，组数不变，降低后的单组次数不低于 5 次。（这是因为：容量是关键，其次是强度。而此时组数对容量有至关重要的作用，使用重量又决定强度，因此，牺牲不那么重要的"次数"而优先保证前二者。）

（3）也可以通过延长组间休息时间的方式来完成更高强度的训练。

5. **当容量与重量都无法再增加时，可以缩短组间休息时间**，直到将休息时间缩短至 30s。

6. **并不是容量越高越好，也不是强度越高越好。** 在实际训练中，如果单次训练容量较高，可能说明健身者该次的训练强度并不大，因此该次训练对肌耐力增长会有更多帮助，而对绝对力量的帮助较小；如果单次训练强度较大，可能会导致训练容量较低，因此该次训练对绝对力量的帮助较大，对肌肉耐力的帮助较小。健身者很难持续完成高容量和高强度兼顾的训练，如果一直维持着高强度＋高容量的训练模式，最后可能会产生过度训练或者是运动损伤。

7. **实践中，训练者应该把训练容量与强度控制在一定区间内，** 同时结合训练目的与训练者的喜好进行调整。喜欢追求大重量训练的朋友，可以在保证动作质量的前提下将强度权重提高；还在学习动作阶段或志在雕琢体形的朋友，应该优先增加容量，但要注意每周同一"部位"、同一"动作模式"最好不超过 24 组，单次训练每个"部位"、每种"动作模式"不超过 200 次，同时也不能忽视强度，应取二者平衡的数字。另外，不必将上述策略当成铁律，应结合实际灵活运用。渐进超负荷绝对不是说在每次的训练中，每一个动作的负荷都要增加。比如：一次训练 6 个动作，可以选 3 个动作来渐进超负荷，剩下 3 个动作保持训练水平不变。这自然也算实现了渐进性超负荷。训练容量的增加一定要弹性，结合训练时间、训练强度来合理安排。一味地在每次训练中，将所有训练动作的训练容量都扩充，在持续一段时间之后，导致的后果只有训练时间被迫增多，恢复时间拉长，训练效率降低，造成恶性循环。

第五章

拆解增肌训练

第一节
肌肉增长的生理学过程

本小节主要通过介绍肌肉系统、肌肉类型、骨骼肌的结构、肌纤维的结构、肌肉代谢的调控激素，来讲解肌力与肌肉增长的原理以及运动导致肌肉肥大的机制。

一、肌肉系统

人体内所有的肌肉所组成的系统，被称为肌肉系统，其特性可以简要概括为以下四点：

延伸性（extensibility）：对抗外源拉力时，具有伸展、延长的功能。

收缩性（contractility）：有绷紧、施加张力的功能。

伸缩性（elasticity）：当外源拉力移除后，可以恢复至原先长度。

兴奋性（excitability）：可以被激发，或对刺激信号做出回应。

肌肉系统和我们的骨骼系统（即人体内所有骨骼组成的系统）关系密切。在日常生活和体育活动中，肌肉系统借助与骨骼系统的彼此配合，来产生不同的功能[1]：

产生活动：通过肌肉收缩（muscular contractions）来产生各种动作。

维持姿态：在任何时刻，肌肉都保持着一定的张力（muscle tone），以维持身体的姿势。

供能和产热：肌肉内含有肌糖原（muscle glycogen）、磷酸肌酸（creatine phosphate，又称 CP）、三磷酸腺苷（adenosine triphosphate，又称 ATP）等能源储备，消耗时会释放出能量供肌肉活动使用，同时产生热能，维持人体体温。

注：感谢生物化学硕士朱俊杰对本小节内容提供的专业支持。

二、肌肉的类型

根据结构和功能的不同，人体内的肌肉可以被分为三类：平滑肌（smooth muscle）、心肌（cardiac muscle）和骨骼肌（skeletal muscle）。

平滑肌（smooth muscle）：主要构成人体除心脏以外的内脏器官，如肠、胃以及血管壁。在显微镜下没有横纹，不受意识支配，不易疲劳。

心肌（cardiac muscle）：因其只存在于心脏而得名。在显微镜下可以看到明暗相间的横纹，但同样不受意识支配，也不易疲劳。

骨骼肌（skeletal muscle）：主要附着于骨骼上，与骨骼系统合称为运动系统（locomotive system 或 musculoskeletal system），可受意识支配而做出相应动作，但易疲劳。在显微镜下可以看到横纹，又被称为横纹肌（striated muscle）。

在三种不同的肌肉当中，与体育运动最有直接关系的就是骨骼肌。人体共有 600 多条骨骼肌[2]，重量约占体重的 40%。健身爱好者经常提到的肌肉力量和肌肉维度，都指骨骼肌。下文将对骨骼肌的结构、代谢及生长机制进行全面的介绍。

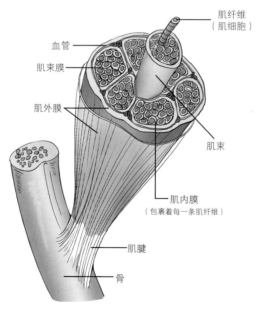

肌纤维
（肌细胞）

血管

肌束膜

肌外膜

肌束

肌内膜
（包裹着每一条肌纤维）

肌腱

骨

骨骼肌的结构

三、骨骼肌的结构

骨骼肌（下文简称为肌肉）是由具有收缩能力的肌肉细胞（muscle cells）所构成。肌肉细胞的长度可由 1 毫米至 15 厘米不等，直径约为 10~100 微米，由于形似细长的纤维状，又被称为肌纤维（muscle fibers）。每一条肌纤维（即一个肌肉细胞）都被一层名为肌内膜（endomysium）的结缔组织所覆盖。多条这样的肌纤维组合在一起，便构成了一个肌束（muscle bundle），并由一层肌束膜（perimysium）所覆盖和维系。我们身体不同的肌肉，可以由数量不同的肌束所组成，再通过一层肌外膜（epimysium）所覆盖和维系。多条肌束通过一层又一层的结缔组织相互结合，两端分别连接到由致密结缔组织构成的肌腱（muscle tendon）上，再由肌腱把肌肉间接地连在骨骼上。

　　肌肉内还有大量的血管和微血管。动脉和静脉沿着结缔组织进入肌肉后，便在肌内膜及其周围不断分岔形成更细小的血管，最终形成一个庞大的网络，以确保每条肌纤维都能够吸收充足的养分，以及快速将有害的代谢废物运送至肌肉细胞之外。

　　与血管一起进入肌肉的还有神经细胞（即神经元）。和血管一样，这些神经元在结缔组织内不断分岔，最终接到每一条肌纤维之上。当肌肉内的神经细胞接收到来自中枢神经系统（central nervous system）的刺激后便会引起肌肉收缩。

　　肌卫星细胞（myosatellite cell，后文简称卫星细胞）是骨骼肌内的又一重要组成成分。卫星细胞通常附着在肌纤维表面[3]。当肌肉纤维受损伤后，卫星细胞经激素调控后增殖分化，参与肌纤维的修复。

　　至此，骨骼肌的主要组成便介绍完毕。

四、肌纤维的结构

肌纤维是一种多核细胞[4]，核的数量随纤维长度增加。构成肌纤维最外层的组织

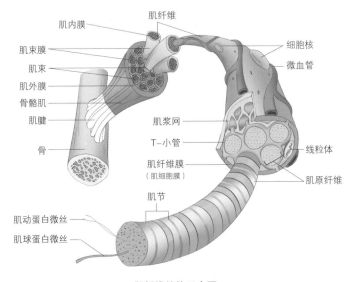

肌纤维结构示意图

称为肌纤维膜（sarcolemma），其内包裹着两大主要结构，肌浆（sarcoplasm）和数以千计的线状蛋白丝即肌原纤维（myofibrils）。肌浆为红色黏稠液体，其中悬浮着细胞核、线粒体、脂肪、糖原、磷酸肌酸和三磷酸腺苷等物质。

五、肌肉代谢的调控激素

肌肉是一个动态的组织，当受到锻炼、营养、饥饿等各种外界因素刺激时，它的质量既可以增加也可以减少。主要有两类因子参与到肌肉质量的调控，包括作为负向调节激素的异化性荷尔蒙（catabolic hormones）及作为正向调节激素的合成性荷尔蒙（anabolic hormones）。

异化性荷尔蒙主要为可体松（cortisol）[4]，主要通过脑下垂体前叶所分泌的促肾上腺皮质素（adrenocorticotropic hormone）刺激而分泌。当面临阻力训练的压力或禁食导致的低血糖时，人体内的可体松浓度升高，导致肌细胞蛋白质合成受到抑制，并且分解蛋白质作为能量来源。当然，异化性荷尔蒙的分泌会在生理压力减弱后迅速降低，因此阻力训练结束或血糖回升后，体内的可体松浓度也会迅速降低。

人体内主要的合成性荷尔蒙有生长激素（growth hormone，又称 GH）、类胰岛素生长因子 1（insulin-like growth factor-1，又称 IGF-1）及睾丸酮（testosterone）。GH 的功能包括增加脂肪分解以促进脂肪酸利用、减少葡萄糖使用、增加糖异生（gluconeogenesis）过程等，对肌肉合成的主要作用在于协助肌细胞摄取氨基酸。阻力训练后人体能立即释放 GH，当 GH 浓度上升时，会刺激肝脏分泌 IGF-1 并提升肌肉蛋白质合成，造成肌肉围度提升的现象。IGF-1 可促进肌肉组织生长[5]，除了肝脏可分泌外，阻力运动也可使肌细胞分泌 IGF-1。睾丸酮属于类固醇性荷尔蒙，主要由男性睾丸的莱氏细胞（Leydig cell）所分泌[5]，其主要功能为促进男性第二性征发展和蛋白质合成，并可促进脑下垂体中 GH 的反应，进而增加蛋白质合成作用。阻力训练也会造成体内睾丸酮浓度升高。

简言之，阻力训练可刺激系统性与肌肉组织内合成性荷尔蒙快速释放，同时训练中止后使异化性荷尔蒙（可体松）浓度下降，这些生理变化将刺激肌纤维合成蛋白质，促进肌肉生长。

至此，你已经全面了解了肌肉的构造。你可以简单地把肌肉看为无数肌纤维组成的器官，肌纤维又是由肌浆和无数肌原纤维构成。在肌内，还遍布着：神经元，用来让大脑调动这些肌纤维；血管，用来清理代谢垃圾；卫星细胞，用来修复和填充肌纤维。

此外，你还了解了调控肌肉代谢的关键激素，它们分别在肌肉合成与分解中扮演不同的角色。

也许你可能会疑惑，知道这些对我增肌有什么帮助。别着急，这些基本知识，会对理解接下来的文章有所帮助，相信它们会为你的增肌之路点亮一盏明灯。

六、肌肉与肌力增大的原理

一般认为肌肉围度增大是肌纤维增粗（hypertrophy）的结果[6]，而不是肌纤维数目的增多。肌纤维增粗的方式分为两种，第一种为肌浆肥大（sarcoplasmic hypertrophy），另一种是肌纤维内的肌原纤维数目增加（myofibrillar hypertrophy）。肌浆肥大具体表现为肌浆内线粒体、细胞核、ATP 等物质数目增多。肌浆肥大相对更为容易，可以在肌原纤维数目不变的情况下增加肌纤维的横截面尺寸，从而导致肌肉围度增大，这也是健美运动员侧重的训练目标。相较而言，肌原纤维数目的增加更为困难，对肌肉围度增加的贡献也较小，其原因在于肌原纤维合成较慢，且对肌纤维尺寸的贡献不大。但肌原纤维数目多，对绝对力量的贡献更大，因此力量举运动员更侧重于肌原纤维增多的训练目标。

另外，神经募集肌纤维的能力强弱也决定了肌肉力量的大小[7]。运动时，神经元向肌肉发出收缩的信号，只有一部分肌纤维对该信号产生反应，从而进行收缩。收缩信号越强，能激活的肌纤维数目越多，产生的力量就越大，这就是常说的"肌肉募集能力"。阻力训练能增强神经信号的传导，使参与收缩的肌纤维数量增加，因而提高了肌肉的力量，这也是力量举运动员的训练侧重点。

举个例子，一名训练者刚开始训练时能用 40 公斤的重量进行杠铃卧推，假设他此时能募集的肌纤维只有 50%。那么在理论情况下，肌原纤维数目不变时，该训练者在肌肉募集能力达到 100% 时，可以推起的最大重量为 80 公斤。此时他肌肉围度的增加得益于肌浆肥大。当再想突破卧推的重量极限时，他需要的则是增加肌原纤维的数量，从而产生更大的收缩力量。

这也解释了为什么健美选手块头更大，力量却不如身材小一号的力量举选手。这是因为健美选手更倾向于肌浆肥大的训练方式，它对肌肉围度增长贡献更多；而力量举选手更倾向于增加肌原纤维数目和肌肉募集能力的训练，这两点对肌肉围度的增长贡献较小。

七、训练导致肌肉肥大的机制

阻力对抗训练如今已被广泛作为肌肉肥大最有效的训练模式[8]。阻力对抗训练在短时间内持续对肌肉施压，给人体与肌纤维造成极大的生理压力，这些压力又启动一系列复杂的信息调控系统和荷尔蒙交互作用，最终引起细胞蛋白质合成并产生肌力与肌肥大的显现。如今普遍被接受的观点认为，机械张力（muscle tension）、肌肉损耗（muscle damage）和代谢压力（metabolic stress）是肌力与肌肉增长的三大机制，下面我们逐一讲解。

机械张力。肌肉收缩引起的机械张力在促进肌肉生长上扮演着最重要的角色。肌纤维膜上有许多被穿膜蛋白连接的细胞骨架系统（cytoskeleton）和细胞外基质（extracelluar matrix），使得肌细胞可感受机械张力带来的物理变化，并转化为蛋白质合成讯号做出反应。

在阻力训练中，机械张力的程度取决于两方面：强度（负荷）及张力下的时间（time under tension）。这些变量的最佳组合可将训练效率最大化，从而引起大量运动单位疲劳，因此产生最大的肌肉合成反应。

肌肉损耗。高强度的阻力对抗训练会对肌纤维造成一些微小的创伤。这些受损结构产生分子信号，吸引发炎细胞来修复受损结构，并同时释放细胞激素（cytokine），后者可以帮助卫星细胞去修补、填充原有的肌纤维，产生肌肥大的效应。另外，阻力训练所促进的睾丸酮含量，还可进一步活化卫星细胞，后者融合至肌纤维中，增加肌纤维内细胞核的数量，这是肌浆肥大的关键因素。

代谢压力。代谢压力主要来源于"肌纤维在运动过程中进行无氧糖酵解所产生的产物"，包括乳酸、氢离子、无机磷酸、肌酸等。这些代谢产物通过各自不同的机制，驱动肌纤维加强蛋白质合成以及卫星细胞活化，最后产生肌肉增长的效果。阻力训练中常有的充血、泵感、灼烧感都是代谢压力累积的现象。

需要注意的是，虽然代谢压力可以让肌肉增长，但代谢压力并不是增肌的必备因素。力量举选手的训练方式多为1~5次一组，强度在75%~90%RM之间，组间休息3分钟以上，这种训练模式很难累积足够的代谢压力，但他们仍然有肌肉围度增长的效果。而健美选手虽然训练重量较轻，但肌肉围度更胜一筹，这是因为健美训练模式可以兼顾机械张力的同时累积更多的代谢压力。因此，训练的次数低于6次时，虽然有更高的机械张力，但很难累积代谢压力；若高于12次，虽然利于累积代谢压力，但失去了机械张力的优势，这也是为什么增肌训练的次数往往设定在6~12次，强度在

60%~75%RM 之间。

　　以上为所有关于肌肉部分的介绍，最后用一张流程图来概括本文的要点，希望对渴望增肌的你有所帮助。

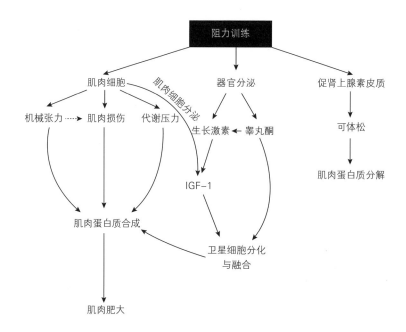

第二节
制订增肌计划的原则和思路

在本书的第一章第四节和第五章第一节我们已经探讨过增肌的基本条件，也明白了增肌需要在训练中施加足够的力学张力以及产生足够的代谢压力和肌肉损伤。

在制订增肌计划过程中，我们则需要考虑四个方面的原则：渐进性超负荷原则、专项性原则、个体差异原则和持续性原则。从这四个原则出发，就能够明白增肌计划需要考虑到哪些要素。

一、渐进性超负荷原则

在增肌中，想要实现渐进性超负荷，通常会从提高训练容量、提高训练强度、缩短组间歇、增加训练频率、延长动作完成时间几个大方向着手。这几个变量并不是独立的，在制订训练计划的时候，容量、强度、组间歇、频率、动作节奏等变量的调整往往会交替使用，让一个计划变得更具有"持续性"。

实现超负荷的方法 1：增加训练容量

训练容量与力学张力、代谢压力和肌肉损伤都有关系，前者越高，后三者产生的增肌正面影响也会越多。

因此有一种理论认为，健身者的训练容量越大，增肌效果越好。这类理论的支持者可以称为"高容量增肌派"，他们非常推崇一个动作完成 10 组 10 次，甚至 20 组 10 次这样极端的训练组合，该类计划在职业健美届颇为流行。2017 年，一项研

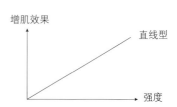

究在对比了 15 个针对"容量与增肌"的研究后（包含 34 个对照组），综述得出了"容量越大，增肌效果越明显"的结论 [9]。

　　另一种理论认为，健身者的训练容量不宜过大，当健身者的训练容量超过某个数值的时候，健身者就会累积更多的疲劳值，需要更多的休息时间，也就影响到了后续的训练。因此，将训练容量控制在一定范围内最佳。2016 年，一项研究对比了 10 组 10 次与 5 组 10 次这两种力量训练方法在增肌与健力上的效果，结果显示：六周复合动作训练后，容量较少的一组反而增肌效果及力量上涨更明显。于是，研究人员指出：为了最大化增肌效果，单次训练中每个动作重复 4~6 组为最佳，超过这个范围可能导致过度训练或过早出现平台期 [10]。

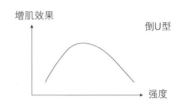

　　第三种理论则不太在乎训练容量，而是更加在乎训练强度。只要训练强度足够，很低的训练容量也依然可以增肌。2015 年，一项为期 8 周的研究对比了"高容量，中等强度，一分钟短间歇"与"低容量，高强度，三分钟长间歇"对增肌与健力的影响，结果发现，在有经验的训练者中，后者肌肉与力量增长更加明显 [11]。这一实验与以往一味强调高容量的做法相悖。

　　我更加倾向于第二种"适度容量"的增肌理论。但这并不代表第一种和第三种是错误的，第一种和第三种训练方法依然可以增肌，只是对于非药物训练者而言，它们的可持续性较低。**过高的训练容量会影响到下个阶段的恢复；而过低的训练容量，则需要较高的训练强度来弥补，但训练强度不可能一直持续递增，当强度递增遇到瓶颈的时候，还是需要通过增加训练容量来实现进阶**。因此，"适度容量"的增肌理论的可持续性较高，适用范围更广。

问题 1：多少训练容量适合增肌？

　　基于"适度容量"的增肌理论，为了让大家更简便地控制好训练容量，我参考了 Mike Israetel 写的 *Training Volume Landmarks for Muscle Growth* 一文，采用总组数作为增肌训练容量的标准，并借鉴了其中的计划制订思路。

　　以下是训练周容量的训练区间，此处基本沿用了 Mike Israetel 的训练思路，只是在他的基础上做了略微的调整。

　　5~8 组：这是最低的维持训练水平的容量。

　　9~12 组：这是想要进步，但同时又不影响正常生活质量的训练容量。

13~24 组：这是进步较大，但同时需要有更多饮食规划、更多恢复手段的训练容量。

大于 24 组：这是相对激进的训练容量，通常不会持续太久。

问题 2：使用总组数作为容量衡量标准有什么前提条件？

用总组数作为训练容量衡量的标准有一些优点和缺点。

其优点在于：在增肌计划中，总组数是三种含义中最好操作、变量最少、最容易衡量对比的。"10 组大于 9 组""11 组大于 10 组"，一目了然，特别是当你一周训练 5 次以上的时候，使用总组数作为标准进行计算会容易许多。

当然了，以组数为容量进行计算也有一些缺点，最大的缺点就是：总组数没有那么精确。同样都是 10 组，10 组飞鸟与 10 组卧推就有所不同，10 组 20 次的训练量和 10 组 3 次的训练量也有所不同，10 组非常痛苦的训练和 10 组非常轻松的训练也有所不同。

所以，在使用总组数作为训练容量的时候，我通常会遵循以下的原则：

1. 只有训练中的正式组才计入训练容量。
2. 每组训练的次数，应当控制在 5~20 次范围内。
3. 每组训练要尽可能努力，每组训练要接近力竭。
4. 动作贵精不贵多。如果不是不可替代的动作，就不加入训练中。

问题 3：在使用该方法时应当考虑哪些特殊情况？

通常来说，我们需要全身的肌群均衡发展：胸部、背部、肩部、手臂、大腿前侧、大腿后侧、臀部、小腿等。但我们也需要考虑一些特别的情况：

（1）有的动作可以练到多个肌肉群，比如卧推可以训练到三角肌前束、胸大肌、肱三头肌，我们可以默认为 1 组卧推训练了 1 组胸部肌群、0.5 组肱三头肌、0.5 组三角肌前束。假如健身者本周设定的是 10 组肱三头肌和 10 组三角肌前束的训练量，那么你在完成 10 组正式的卧推训练之后，你只需要再完成 5 组肱三头肌的训练就达到了本周肱三头肌的训练量。这也是为什么在健身开始的初期，健身者不需要专门去练习手臂、肩部这些小肌群的原因，因为即使完全不练习小肌群，小肌群也能够达到最低的维持训练水平的容量。

（2）训练容量的上限不是一成不变的，不同人群有不同的上限。慢肌主导型的训练者用较大的容量、较低的强度进行训练恢复得更快，同时慢肌主导型的训练者能够用更大的容量进行训练。而快肌主导型的训练者用较低的容量、较高的强度进行训练恢复得更快。

（3）如果你并不想要着重练习某个肌群，你可以将这个肌群的训练量降低至5~8组。

（4）如果你想要在短期内发展某个肌群，你可以将这个肌群的训练量提高到20~24组。

（5）极端高次数情况。比如每组16~20次的训练，通常这类计划的训练强度较低（50%~60%）。想要维持肌肉量的减脂者，或者是想要提高肌肉耐力的增肌者，会采用此类计划进行训练。但建议使用此训练方案不要超过4周。

（6）极端低次数情况。比如每组5~7次的训练，通常这类计划的训练强度较高（75%~85%）。想要提高力量水平的增肌者，会采用此类计划进行训练。但通常建议使用此训练方案不要超过4周。

实现超负荷的方法2：增加训练强度

训练强度与力学张力的关系较大，强度越高，力学张力越大。但训练强度并不是越高越好。

在增肌领域，合适的增肌区间是在8~15RM。太高的训练强度（大于80%），会导致训练总次数的降低，也就导致代谢压力和肌肉损伤的减少，对增肌有利有弊。过低的训练强度（低于60%），虽然能够提高训练容量，但却无法产生足够的力学张力，对增肌也是有利有弊。

在增肌训练中，强度不可能一味地提高。我们需要有"迂回性"的进阶策略。我们可以通过强度和容量此消彼长的方式，为我们的训练渐进性地施加超负荷原则。以下就是常见的几种训练计划的进阶策略。

进阶策略1：强度不变，增加容量

进阶策略2：强度增加，容量降低

进阶策略3：强度增加，容量不变

实现超负荷的方法3：缩短组间歇时间

组间歇的时间与代谢压力有较大的关系。通常来说，越短的组间歇意味着越大的代谢压力。但组间歇不能无限缩短，身体需要留有恢复的时间。

在本书的第二章中我们已经讨论过，组间歇受训练强度和每组次数的操控，对于适合增肌的中等强度训练而言，30~120秒是最佳的组间休息时间。

因此，如果想要通过缩短组间歇时间来提高代谢压力，实现渐进性超负荷原则，我们可以维持训练容量、维持训练强度，从120秒的组间歇逐步向下递减时间。

比如：120 秒、90 秒、60 秒、30 秒（30 秒递减）；

比如：120 秒、100 秒、80 秒、60 秒、40 秒、20 秒（20 秒递减）；

比如：120 秒、105 秒、90 秒、75 秒、60 秒、45 秒、30 秒（15 秒递减）。

组间歇的调整可以和其他进阶策略搭配使用，比如前文的三个进阶策略搭配组间歇的调整，就可以变成：

进阶策略 1：强度不变，增加容量，组间歇不变

进阶策略 2：强度增加，容量降低，组间歇不变

进阶策略 3：强度增加，容量不变，组间歇增加

进阶策略 4：强度不变，容量不变，组间歇降低

实现超负荷的方法 4：增加训练频率

增加训练频率通常意味着增加训练容量。但训练频率不可能无限增加。如果增加某个肌群的训练频率，通常意味着减少其他肌群的训练频率。

实现超负荷的方法 5：延长动作完成时间

慢速完成深蹲动作会比快速完成深蹲动作产生更多的代谢压力和肌肉损伤。因此"快起慢落""慢起快落"的训练方法在增肌者中也颇为流行。但该动作节奏和动作速度不适合像容量、强度那样频繁进行调整，偶尔的改变有助于训练提高，但过于频繁的改动容易让训练刺激产生波动，脱离了渐进性超负荷的原则。

二、专项性原则

增肌者的训练目的就是为了增加肌肉的体积，术语叫作"肌肥大"。因此，围绕着"肌肥大"制订的计划，才能够被称之为具有针对性、专项性的计划。

力量或者是肌肉耐力的增长对肌肉的发展确实也是有帮助的，但这只能是一个短期的、过渡性的训练计划。不要忘了，增肌者的最终目的还是肌肉体积的增长。花超过 4 周的时间在力量或者是肌耐力的增长上，只能获得事倍功半的结果。

实现专项的方法：将训练强度控制在 65%~85%（6~20RM）区间。

三、个体差异原则

个体差异要素 1：年龄

有许多研究对比了年轻人与老年人对力量训练的反应，其中大多是对比 20~25 岁

的年轻人与 50 岁以上的中老年人。科学家们发现：无论是从身体对力量训练的生理反应，还是对力量训练后饮食补充的利用效率，年轻人都明显高于中老年人——同样的训练量与蛋白质摄入量，前者能取得更好的增肌效果 [12][13]。另外，从青壮年到中老年的变化也意味着身体恢复速度变慢、肌肉开始萎缩且萎缩速度逐渐变快等 [14]……这些都会很大程度影响健身者的训练。

另一个有趣的发现是：进行力量训练时，年老的人（受试者均为 50 岁以上）对进食时间更为敏感，在"训练后马上进食 10 克蛋白质"与"训练完毕 2 小时后再进食 10 克蛋白质"相比，前者的肌肉与力量都有更明显的进步 [15]。

反过来说，年轻人的训练，有更高的容错率。即使年轻人熬夜、过度训练、忽略饮食，依然有可能取得显著训练效果，但中老年人这么做，就可能会出现进步停滞、恢复速度严重减缓，甚至伤病等情况。

个体差异要素 2：营养补充（胃口、消化吸收、营养素摄入、营养素搭配）

营养素摄入是否充足、均衡对增肌效果是至关重要的。如果在增肌阶段，你所采用的饮食方法有更高的热量盈余、更充足的蛋白质和碳水摄入，你的恢复速度也会变得更快。你所执行的计划难度也可以更高；但反过来，如果你的热量摄入不足，你的计划就需要随之调整，把目的转为"保持肌肉量"，而不是"增长肌肉"。有些人错误地认为健美运动员在热量赤字状态依然能增肌，这种想法违背了客观规律。

在热量赤字状态，即使能保证高蛋白质摄入量，也很难抑制肌肉流失。2010 年，一项针对备赛期的健美运动员的研究测出：长达 11 周的热量赤字使运动员体内具有合成代谢效应的激素分泌减少（睾酮与胰岛素等分泌下降明显），而具有分解代谢效应的激素分泌增多（皮质醇等分泌增多），严重影响身体的同化作用，即使能保证高蛋白质摄入量，长期的热量赤字和极低体脂也很难抑制肌肉流失 [16]。

此时将计划的目的调整为"维持肌肉量"更加现实。

对于刚开始健身的人而言，减脂、增肌能够同时进行，但只要你跨过这个阶段，增肌和减脂就难以兼顾。

除此之外，打破自己保持较久的饮食习惯可能对运动表现、生活质量也有非常重大的影响。虽然"生酮饮食"的受众广泛（从普通人群到世界顶尖的运动员），但它并不适合所有人，一个世界顶尖的三项全能运动员在尝试生酮饮食的 32 周内，运动表现下降明显，即使有专业人士指导，也无法解决他由"生酮饮食"带来的肠胃问题。最后，他不得不结束这一尝试 [17]。

所以，营养对健身者的影响不仅仅在于热量、宏量营养素搭配、进食时间等，饮食与睡眠都是生活习惯中最重要的一部分，聪明的健身者要学会寻找能使运动效率最大化的自身饮食与睡眠的规律，这样才能事半功倍。

个体差异要素 3：生活方式（日常活动、睡眠、工作压力）

睡眠质量越高，健身者恢复能力越强。

工作压力越小，健身者恢复能力越强。

几乎所有训练者都知道：睡得不好，训练状态一定不好（除非使用咖啡因等补剂，但这并不具有可持续性）。许多研究也都证实了睡眠对运动表现、练后恢复的重要性。对于增肌者而言，充足睡眠、良好睡眠质量的意义不仅于此。缺觉会直接使睾酮、生长激素等具有合成代谢效应的激素分泌减少，使皮质醇等具有分解代谢效应的激素分泌增多[18]。这意味着，就算做了同样的工作，增肌效率也会大打折扣。更别提提升运动表现、追求力量等目标了。

2018 年，一项总结了十篇研究的文献综述证实：想要拯救自己的睡眠，除了提高睡眠时间、提升睡眠质量外，没有别的方法；训练者所需的睡眠时间比久坐人群要长。虽然"周中缺觉周末补觉"这一方法并不是最理想的，但在缺觉时，最有效的补救方法仍是延长睡眠时间[19]。

注： 每个人所需的睡眠时间不同（通常建议运动人群每日睡足 8 小时），找到你所需的时间，并尽量保证规律入睡以及每天起床，在减脂或训练量加大时，再酌情增加睡眠时间。

如果增肌者本身是睡眠缺乏或者睡眠不规律的人，在计划的制订上就需要特别保守，需要考虑降低进阶的速度、降低训练的频率，否则该增肌者很难从上一次训练中完全恢复，很容易积累大量的疲劳值，导致过度训练或者受伤的情况。

科学家们发现：压力大不仅会引发负面生理反应，如皮质醇水平升高、免疫系统下降、恢复速度下降等（影响与睡眠不足、睡眠质量差相似）；还会引发负面心理效应：造成对训练的厌倦感、对使用重量的感知造成负面影响，甚至引发情绪性暴食等进一步影响训练的行为[20]。一项针对有训练经验的大学生的研究证实：同样的训练，生活压力更小的一组恢复速度更快，完成得更轻松，也获得了更大的深蹲和卧推力量进步（手臂围度的进步与压力大组没有明显区别，不过这可能由于实验时长仅为 12 周，就算有差异也无法测出显著区别）[21]。

值得一提的是，虽然过高的生活压力对健身者来说并非理想情况，但适当运动能帮助缓解生活压力。这一点对于久坐人群更为重要，对他们来说，每周三次，每次30分钟的运动（无论有氧运动还是无氧运动）就能显著缓解压力，提高生活质量[22]；而当规律运动的健身者遭遇过大生活压力时，适当降低运动量，选择一些低强度、更有趣味性的运动则对于减缓压力更有帮助。

因此，日常工作中压力较大的增肌者，不建议在训练中采用较高强度和较高容量的方式进行增肌的训练，制订训练计划的时候，也应当更加保守，不应当过于激进。

个体差异要素 4：性格

严格计划执行者与"佛系"健身者对待计划的态度有所不同，后者更适合被安排一个较为自由的训练计划。激进训练者与保守训练者对待训练计划的态度也有所不同，后者可能会倾向于降低计划的训练容量和强度，前者可能会倾向于提高计划的训练容量和强度。

个体差异要素 5：性别

说到增肌在性别上的区别，我们第一反应就是：女性的睾酮水平较低，因此长肌肉更慢。其实，女性在增肌方面不一定处于弱势，"性别与训练"也远远不止这么简单。

许多有经验的教练都声称女性能承受更大的训练容量、女性更不易疲劳，这个观点也被许多研究所支持。一般来说，女性拥有更多慢肌纤维[23]，女性体内的雌激素也能降低力量训练对肌肉带来的伤害、减少疲劳，促进女性恢复。

不过截至目前，研究性别与力量训练的实验，得出的结果并不统一。有的实验中，女性恢复速度比男性更快；有的实验未发现性别对恢复速度的明显影响；有的甚至得出男性恢复更快的观点[24][25][26][27]。因此，在恢复这一点上，个体差异比性别差异更重要。

另一方面，女性天生拥有较细的腰、较宽的骨盆，这又决定了她们在做深蹲、硬拉这类需要强大核心力量的动作时使用重量受到更大限制；而做臀推等对核心力量要求较小（与深蹲、硬拉相比）的动作时更有优势。这个区别对初学者意义不大，但对想要最大化局部肌肥大的女性来说很有意义。

综上所述，建议有经验的训练者根据自身的承受能力与运动能力合理安排，没有经验的训练者可先遵守一般原则，观察身体反馈，再做判断。

与个体差异原则相关的，还包括健身者的主观需求（希望增加某些部位的肌肉，不希望增加某些部位的肌肉）、训练水平（资深训练者能够用更高频率、更多分化的方式进行训练）、伤病情况、营养补充（如果营养补充不足，训练计划就应当制订得保守一些）等。这些因素都是在制订计划时应当考虑的。

四、持续性原则

在增肌过程中，要满足计划的持续性，我们需要考虑：

1. 合理的进阶速度

上肢与下肢比起来，进阶就要更保守一些，尤其对于有经验的训练者。常见的例子就是卧推：刚开始的时候，所有人都能轻松地在卧推训练中加重，取得每周 2.5 公斤甚至 5 公斤的进步，但当训练水平达到一定程度时，就会进步停滞，此时，换成更轻的加重也许仍可持续获得进步。

2. 避免过大的训练压力

对于不用药的自然健身者，每个肌群每周都采用 24 组以上的训练量是不可持续的，这样的训练负荷过大；长期用高负荷刺激某个部位也不可取，因为这既影响其他部位的训练量，也缺少减载的机会让该部位恢复。

"力竭"是个非常流行的训练方法，但许多健身者过于频繁地使用它就会导致恢复不足、过度训练，甚至出现"越练越弱"的现象，这种做法同样不可持续。

3. 训练部位的均衡发展

"练胸，不练背""练上肢，不练下肢""练胸背，不练肩外展和肩外旋动作"，这些都是普通训练者中常见的问题——训练部位不平衡、倾向性过于明显。这样会造成肌肉不平衡，影响身体的功能性与美观，造成代偿，甚至为伤病埋下隐患。判断一个训练计划是否科学合理，一个重要的指标就是动作选择是否照顾到身体部位的均衡发展。即使有弱项或想重点发展的部位，也要有策略地安排，不宜过多。

4. 考虑计划的强度 / 容量的自我调节

在制订计划前，训练者或者教练就应当考虑到训练者无法完成规定动作时的情况（重量过重或容量太大；当日状态不好；时间不够等）。此时应当有退而求其次、调整计划的方案。一些著名的力量举计划中就为训练者提供了降低强度这一选项。提倡"训练时自我调节"的力量训练大师 Mike Tuchscherer 就在计划中鼓励训练者在状态不佳时大胆地减重，不用硬撑着付出 120% 的努力完成本该是 80% 的训练强度。这样既给身体造成过大的训练伤害，影响接下来的训练，又增加了受伤风险。

五、小结

总而言之，你需要通过提高训练容量、提高训练强度、缩短组间歇时间、增加训练频率、增加动作时间来让计划变得更难。

你需要关注肌肉增长，而不是单纯减脂或者增强力量，你需要将训练强度控制在极限重量的 65%~85% 或者 6~20RM 的区间来让计划变得更有针对性，更适合增肌。

你需要根据自己的年龄、营养补充情况、生活方式、关节活动度等实际情况为自己安排训练的强度和容量，这样计划才更适合你自己。

你需要有合理的进阶速度、合理的训练压力、均衡发展的肌肉群才有可能让计划可持续推进。

为了让大家更好地理解每个要素对增肌的影响，我制作了下面这个图表：

原则	需要考虑的要素
渐进性超负荷原则	增加训练容量
	增加训练强度
	缩短组间歇
	增加训练频率
	延长动作完成时间
专项性原则	提高肌肉量，增加肌肉维度
个体差异原则（较为重要）	要考虑增肌者的训练水平
	要考虑增肌者的日常生活状态
	要考虑增肌者的营养补充
	要考虑增肌者的主观需求
	要考虑增肌者的体态问题和运动损伤问题
	要考虑增肌者的性格
个体差异原则（相对次要）	要考虑增肌者的年龄
	要考虑增肌者的性别
	要考虑增肌者的天赋（快慢肌纤维主导情况）
持续性原则	训练负荷不应该递进太快
	训练负荷不应该超出训练者的能力范围太多
	训练部位应当均衡发展
	训练负荷在计划中应当能有自我调节的策略

第三节

增肌计划模板 1：无分化计划

如果你想要增肌，且你已执行第四章的"初学者计划"，接下来你就可以参考本节内容，做个无分化增肌计划，然后执行它。如果健身者是第一次使用类似的计划模板，通常可以连续使用该模板 3 个月以上，不会遇到任何瓶颈。如果遇到所谓的瓶颈，可以通过不同的进阶策略快速过渡，进一步提高。

一、计划模板

计划模板：2 个下肢动作，2 个胸部动作，2 个背部动作，1 个核心动作。

举例：

第一次	第二次	第三次
深蹲　2 组 10 次	剪蹲　4 组 20 次	深蹲　2 组 10 次
罗马尼亚硬拉　2 组 10 次	俯卧撑　2 组 10 次	罗马尼亚硬拉　2 组 10 次
杠铃卧推　2 组 10 次	上斜哑铃卧推　2 组 10 次	推举　2 组 10 次
哑铃卧推　2 组 10 次	引体向上 / 高位下拉　2 组 10 次	俯身飞鸟　3 组 15 次
引体向上 / 高位下拉　2 组 10 次	自重划船 / 器械划船　2 组 10 次	侧平举　3 组 15 次
自重划船 / 器械划船　2 组 10 次	卷腹 / 平板支撑　2 组力竭	卷腹 / 平板支撑　2 组力竭
卷腹 / 平板支撑　2 组力竭		

二、该计划的特点分析

1. 动作安排思路

每次 1~2 个臀腿动作 +3~4 个上肢动作

第一次	1个下肢整体动作、1个腘绳肌动作、2个胸部动作、2个背部动作、1个腹部动作
第二次	1个下肢整体动作、2个胸部动作、2个背部动作、1个腹部动作
第三次	1个下肢整体动、1个腘绳肌动作、1个肩部整体动作、1个三角肌后束动作、1个三角肌中束动作、1个腹部动作

2. 该计划的周容量思路

（1）优先考虑大肌肉群动作

（2）整体均衡发展，每个肌群每周练习8组

3. 该计划第一周每个高价值复合动作的周容量

下肢动作	深蹲：4组 剪蹲：4组 罗马尼亚硬拉：4组
上肢动作	俯卧撑：2组 卧推类：6组 引体向上/高位下拉：4组 划船类：4组 推举：2组

4. 该计划第一周每个肌群能够实现的周容量

腿	股四头肌：8组（4组来自深蹲，4组来自剪蹲） 腘绳肌：8组（4组来自深蹲，4组来自罗马尼亚硬拉）
臀	臀大肌：12组（4组来自深蹲，4组来自剪蹲，4组来自罗马尼亚硬拉）
背	背阔肌：8组（4组来自高位下拉，4组来自划船） 中下斜方肌：2组（2组来自划船）
胸	胸大肌：8组（6组来自卧推类动作，2组来自俯卧撑）
肩	三角肌前束：5组（3组来自卧推类动作，1组来自俯卧撑类动作，1组来自推举） 三角肌中束：4组（1组来自推举，3组来自侧平举） 三角肌后束：8组（4组来自划船，1组来自推举，3组来自俯身飞鸟）
手	肱二头肌：4组（2组来自高位下拉，2组来自划船） 肱三头肌：5组（3组来自卧推类动作，1组来自俯卧撑，1组来自推举）

从第一周的周容量来看，胸、背、臀、腿等大肌群能够实现肌肉增长的目的。但是肩部、手臂肌肉的训练量仅能够维持肌肉，无法增长肌肉，三角肌中束甚至没有达到维持训练的容量。但正在阅读计划的各位且不要急着为肩部和手臂增加训练容量。随着胸、背的训练容量进一步增加，肩部、手臂的训练容量也会在之后随之增加。如果胸部、背部训练容量增加2/4/6/8组，则手臂和肩部的训练容量也会随之增加1/2/3/4组，只是增长速度不如胸背部肌群而已。

这里需要额外考虑的是三角肌中束的针对性训练。建议在该计划执行完一个小周期（比如4周后），额外加入更多的三角肌中束的训练动作。

三、该计划的进阶思路

由于该计划为增肌计划，所以每组训练次数控制在8~12次为佳。

在进阶策略上，有四种进阶策略，按照优先度排序如下：

策略1：增加训练容量，每周每个肌群增加2组训练容量即可。

策略2：增加训练强度，增加强度的方式为"在次数相同的情况下，直接增加训练重量"。比如：本次80公斤深蹲、4组8次，下次完成82.5公斤深蹲、4组8次。

策略3：增加训练强度，增加强度的方式为"减少每组次数，增加训练重量"。比如：80公斤深蹲、4组8次，下次完成82.5公斤深蹲、4组6次。

策略4：增加每组训练次数，增加后的每组次数不超过15次。

在执行策略时，建议按照如下原则调整计划：

在策略1进步较慢的情况下，将容量下降至之前的容量后，改用策略2，若策略2无效，则采用策略3。

当策略2与策略3皆进步较慢时，重新尝试用策略1执行训练，若此时策略1依然进步较慢，才采用策略4进行训练。

需要注意的是：在执行计划的时候，建议以4周为一个周期，每4周只改变一个变量。

以下的计划进阶思路就是按照上述原则进行的。

前4周，只增加训练容量，将胸、背、臀、腿的训练容量从原本的每周8组，增加至每周14组。（即此四周只采用策略1进阶）

第5~8周，将训练容量从每周14组下调至每周8~10组，在这四周内，不增加训练容量，但是每周都会增加训练强度。连续递增 4 周。（即此四周策略 2 和策略 3 均可使用）。

第 9 周，不再增加训练强度，而是在原本第 8 周的强度上，进一步增加训练容量，若策略 1 进步较慢，则采用策略 4 继续训练 4 周（即此四周先采用策略 1，直到无效时，再采用策略 4 执行 4 周训练）。此阶段可能会持续 5~8 周。

四、该计划存在的不足

1. 该计划没有考虑肩部外旋肌群、三角肌中束和中下斜方肌的训练。如果长期使用该计划，不进行调整，容易出现"圆肩""翼状肩胛"的体态。增肌者在执行完该计划后，应当在下个阶段加入更多肩部外旋肌群、三角肌中束和中下斜方肌的训练。

2. 该计划没有考虑到减载期。因此建议训练者每 4 周进行 1 次减重减量的训练，消除前 4 周累积的疲劳。

第四节

增肌计划模板 2：二分化计划

一、计划模板

上下肢分化。

下肢训练日：3 个下肢动作，2~3 个上肢小肌群动作。

上肢训练日：3 个胸部动作，3 个背部动作。

举例：

训练日 1	深蹲　3 组 10 次
	罗马尼亚硬拉　3 组 10 次
	剪蹲　3 组 20 次
	推举　4 组 10 次
	侧平举　3 组 15 次
	俯身飞鸟　3 组 15 次
训练日 2	引体向上 / 高位下拉　2 组 10 次
	器械划船 / 自重反身划船　2 组 10 次
	宽握杠铃划船 / 宽握器械划船　2 组 10 次
	杠铃平板卧推　2 组 10 次
	哑铃上斜卧推　2 组 10 次
	俯卧撑　2 组 10 次
训练日 3	深蹲　3 组 10 次
	腿屈伸　3 组 10 次
	腿弯举　3 组 10 次
	弯举　3 组 10 次
	臂屈伸　3 组 10 次

（续）

训练日 4	杠铃卧推　2 组 10 次 双杠臂屈伸 / 俯卧撑　2 组 10 次 龙门架十字飞鸟 / 哑铃飞鸟　2 组 10 次 引体向上 / 高位下拉　2 组 10 次 器械划船 / 自重反身划船　2 组 10 次 宽握杠铃划船 / 宽握器械划船　2 组 10 次

二、该计划的特点分析

1. 动作安排思路

（1）该计划将训练划分为两个部分，一次是"腿部＋上肢小肌群"的训练，每次安排 3 个腿部动作，2~3 个上肢小肌群动作；另一次是"上肢大肌群"的训练，每次安排 3 个胸部动作，3 个背部动作。

（2）上肢训练中，一次先练习胸部，再练习背部；另一次先练习背部，再练习胸部。

（3）该计划中的动作主要是从大肌肉群动作优先考虑、复合动作优先考虑、功能性动作优先考虑、自由重量动作优先考虑几个方面着手的。

（4）如果健身者想要更换该模板中的动作。我不建议将深蹲、剪蹲、罗马尼亚硬拉、卧推、引体向上这些动作更换为其他动作，因为这些动作满足了较多的动作优先度原则（大肌肉群参与、自由重量、复合动作、功能性高等）。如果想要更换这些动作，可以用相应的变式动作进行替换，比如底部暂停深蹲、暂停罗马尼亚硬拉、窄距卧推、弹力带引体向上等等。而一些单关节动作，比如弯举、哑铃飞鸟、腿屈伸、腿弯举这类动作，则可以根据个人需求进行更换。

2. 该计划的周容量思路

（1）优先考虑大肌肉群。

（2）整体均衡发展，每个肌群每周练习 8 组

3. 该计划第一周每个高价值复合动作的周容量

下肢动作	深蹲：6 组 剪蹲：3 组 罗马尼亚硬拉：3 组

（续）

上肢动作	俯卧撑 / 双杠：4 组 卧推类：6 组 引体向上 / 高位下拉：4 组 划船类：4 组 宽握划船动作：4 组 推举：4 组

4. 该计划第一周每个肌群能够实现的周容量

腿	股四头肌：12 组（6 组来自深蹲，3 组来自剪蹲，3 组来自腿屈伸） 腘绳肌：12 组（6 组来自深蹲，3 组来自罗马尼亚硬拉，3 组来自腿弯举）
臀	臀大肌：12 组（6 组来自深蹲，3 组来自剪蹲，3 组来自罗马尼亚硬拉）
背	背阔肌：10 组（4 组来自引体 / 高位下拉，4 组来自划船，2 组来自宽握划船） 中下斜方肌：6 组（4 组来自宽握划船，2 组来自划船）
胸	胸大肌：12 组（6 组来自卧推类动作，4 组来自俯卧撑 / 双杠臂屈伸，2 组来自飞鸟）
肩	三角肌前束：7 组（3 组来自卧推类动作，2 组来自俯卧撑动作，2 组来自推举） 三角肌中束：5 组（2 组来自推举，3 组来自侧平举） 三角肌后束：11 组（6 组来自宽握划船，2 组来自推举，3 组来自俯身飞鸟）
手	肱二头肌：9 组（2 组来自引体向上 / 高位下拉，2 组来自划船动作，2 组来自宽握划船，3 组来自弯举） 肱三头肌：10 组（3 组来自卧推类动作，2 组来自俯卧撑 / 双杠臂屈伸，2 组来自推举，3 组来自臂屈伸）

从第一周的周容量来看，大肌群基本能够达到 12 组的周容量，小肌群基本能够达到 8 组的周容量，已经能够实现肌肉增长的目的。

随着胸、背的训练容量进一步增加，肩部、手臂的训练容量也会随之增加。该计划的容量比无分化的计划略高一些，训练者需要充分做好饮食摄入和训练后的休息，否则很容易累积大量的疲劳，产生过度训练。

三、该计划的进阶思路

由于该计划为增肌计划，所以每组训练次数控制在 8~12 次为佳。

在进阶策略上，与"无分化计划模板"的进阶策略类似，所以此处便不再赘述。

建议阅读到此处的读者，参照无分化计划模板中的进阶策略举一反三即可。

另外需要提一下的是，由于加入了一些单关节动作，因此第一周复合动作的训练容量并不算高，在考虑增加训练容量时，应当优先考虑增加复合动作的训练容量。

四、该计划存在的不足

1. 该计划没有考虑肩部外旋肌群的训练。建议在上肢训练后加入几组肩外旋训练动作。

2. 该计划没有对竖脊肌和腹肌进行单独的训练。在进阶阶段，健身者可以加入更多关于竖脊肌和腹肌的训练。

3. 该计划没有考虑到减载期。因此建议训练者每 4 周进行 1 次减重减量的训练，消除前 4 周累积的疲劳。

第五节

增肌计划模板 3：三分化计划

这个计划只适合已经严格执行过二分化计划，并且难以再从二分化计划中获得进步的健身者。事实上，大多数健身者采用二分化计划进行训练就已经足够，三分化计划对健身者的饮食、休息、睡眠、压力管理都有较高的要求，如果没有 1 年以上的严格健身经验，并不建议尝试。

一、计划模板

腿、胸、背三分化。

腿部训练日：3 个腿部训练动作 +3~4 个上肢小肌群训练动作。

胸部训练日：4 个胸部训练动作 +1~2 个上肢小肌群训练动作。

背部训练日：4 个背部训练动作 +1~2 个上肢小肌群训练动作。

举例：

训练日 1	深蹲　3 组 10 次 剪蹲　3 组 20 次 罗马尼亚硬拉　3 组 10 次 推举　3 组 10 次 杠铃提拉　3 组 10 次 侧平举　3 组 15 次 俯身侧平举　3 组 15 次
训练日 2	引体向上 / 高位下拉　3 组 10 次 单臂俯身哑铃划船　2 组 10 次 宽握俯身杠铃划船　3 组 10 次 绳索面拉　3 组 15 次 弯举　3 组 10 次

（续）

训练日 3	杠铃卧推　3 组 10 次 上斜哑铃卧推　3 组 10 次 俯卧撑　3 组 10 次 龙门架夹胸 / 哑铃飞鸟　3 组 10 次 臂屈伸　3 组 10 次
训练日 4	深蹲　3 组 10 次 腿举　3 组 10 次 罗马尼亚硬拉　3 组 10 次 腿弯举　3 组 10 次
训练日 5	引体向上　3 组 10 次 坐姿器械划船 / 俯身杠铃划船　3 组 10 次 宽握俯身杠铃划船　3 组 10 次 绳索面拉　3 组 15 次
训练日 6	杠铃卧推　3 组 10 次 上斜哑铃卧推　3 组 10 次 俯卧撑　3 组 10 次 杠铃推举　3 组 10 次 哑铃推举　3 组 10 次 侧平举　3 组 10 次 俯身飞鸟　3 组 10 次

二、该计划的特点

1. 动作安排思路

（1）在三分化训练中，你的动作有更多的选择，一周内你可以采用 6~9 个动作去训练大肌肉群，采用 2~3 个动作去训练小肌肉群。所以在三分化训练模板中，自由重量动作与复合动作所占比例会比二分化模板要低。健身者在三分化中有更高的可能性去选择单关节动作、器械动作进行训练。

（2）三分化模板有两个小循环。

第一个循环内按照"腿部 + 肩部""背部 + 肱二头肌""胸部 + 肱三头肌"的方式进行训练。

第二个循环内按照"腿部""背部""胸部 + 肩部"的方式进行训练。

本节所列举的三分化模板只是参考案例，健身者不必完全照搬，可以根据自身需求进行调整。

（3）二分化计划模板、无分化计划模板没有充分考虑到小肌群的提高。但在三分化计划模板中，由于训练频率较高，每个肌群的训练动作更加细化，所以中下斜方肌、手臂、肩部等肌肉的训练量会有较大的提升。

2. 该计划的周容量思路

（1）大肌肉群和小肌肉群都应当考虑。

（2）可以偏重某块肌肉，增加训练容量。或者减少某块肌肉的训练容量。

3. 该计划第一周每个肌群能够实现的周容量

腿	股四头肌：12 组（6 组来自深蹲，3 组来自剪蹲，3 组来自腿举） 腘绳肌：12 组（6 组来自深蹲，6 组来自罗马尼亚硬拉）
臀	臀大肌：15 组（6 组来自深蹲，3 组来自剪蹲，6 组来自罗马尼亚硬拉）
背	背阔肌：15 组（6 组来自引体/高位下拉，6 组来自划船，3 组来自宽握划船） 中下斜方肌：12 组（6 组来自宽握划船，6 组来自绳索面拉）
胸	胸大肌：21 组（12 组来自卧推类动作，6 组来自俯卧撑/双杠臂屈伸，3 组来自飞鸟）
肩	三角肌前束：13.5 组（6 组来自卧推类动作，3 组来自俯卧撑类动作，3 组来自杠铃推举，1.5 组来自哑铃推举） 三角肌中束：10.5 组（3 组来自杠铃推举，1.5 组来自哑铃推举，3 组来自杠铃提拉，3 组来自侧平举） 三角肌后束：13.5 组（6 组来自宽握划船，3 组来自推举，1.5 组来自哑铃推举，3 组来自俯身侧平举）
手	肱二头肌：12 组（3 组来自引体向上/高位下拉，3 组来自划船动作，3 组来自宽握划船，3 组来自弯举） 肱三头肌：12.5 组（6 组来自卧推类动作，3 组来自俯卧撑/双杠臂屈伸，1.5 组来自推举，3 组来自臂屈伸）

在这个阶段，健身者可能会有一些个性化的计划需求，比如"想要练出翘臀，但是不想增加腿部维度"，比如"想要小臂显得更加粗壮"等。此时可以根据自己的需要，重点雕塑某些肌群，暂缓提高另一些肌群。在制订计划的步骤中我们就已经详细论述了，如果你不想练习某个肌群，你可以将这个肌群的训练量降低至 5~8 组；如果你想要在短期内发展某个肌群，你可以将这个肌群的训练量提高到 20~24 组。

4. 该计划的进阶思路

在进阶策略上，三分化计划模板与无分化计划模板的进阶策略类似，但也有所不同。

在进阶策略上，有 5 种或者更多的进阶策略，按照优先度排序如下：

策略 1：增加训练容量，每周每个肌群增加 2 组训练容量即可（最高不超过 24 组）。

策略 2：增加训练强度，增加强度的方式为"减少每组次数，增加训练重量"。

策略 3：增加训练强度，增加强度的方式为"减少每组次数，增加组间休息时间，增加训练重量"。

策略 4：增加每组训练次数，增加至每组次数不超过 15 次。

策略 5：减少组间休息时间。

在执行策略时，建议按照如下原则调整计划：

在使用策略 1 四周后，更换为策略 2 执行四周，若策略 2 无效，则以策略 3 代替延续训练，策略 2 和策略 3 共享同一个四周小周期。

当策略 2 与策略 3 皆进步较慢时，将重新尝试用策略 1 执行训练，若此时策略 1 依然进步较慢，此时才采用策略 4 进行训练。

当策略 4 也遇到瓶颈时，再采用策略 5 训练一段时间，直至进步较慢。

如此，可算榨干本计划的价值。

需要注意的是：

（1）在执行计划的时候，建议以四周为一个小周期，每四周只改变一个变量。

（2）在进阶阶段，健身者只可以在降低训练容量的情况下，增加训练强度（否则计划无法完成）。

（3）由于训练频率高、选取动作多，所以三分化的计划能够改变的变量更多。除了改变训练容量、强度、每组次数、组间歇等因素之外，三分化模板还可以从增加训练动作的方式入手增加训练容量、提高训练难度，也可以从减少动作角度入手，调整计划的变量；还可以根据自己的需求增减训练动作。比如如果健身者想要提高小臂粗壮程度，完全可以在该计划的模板上增加更多手臂的训练动作，减少臀腿的训练动作。

三、该计划存在的不足

（1）该计划的训练频率较高，对训练者的精神状态和身体状态都有极高要求。如果无法保证一周6练，不建议采用该计划。如果无法保证足够的热量和三大营养素摄入，无法保证充足的睡眠，也不建议采用该计划。

（2）该计划没有对竖脊肌和腹肌进行单独的训练。

通过阅读本章的内容，如果想要拆解训练计划，你可以从以下的角度对计划进行拆解分析：

1. 从训练频率和分化方式角度拆解计划

一份增肌计划若是低分化计划（无分化、二分化），则较为适合普通健身者，该计划若是高分化计划（三分化、五分化或者更高），则适合训练较久的健身者或者健美运动员。一份计划训练频率越高、训练的分化越多、训练计划中的动作越多，进阶的策略也就越多，计划的容错率也将变得更低，因此健身者对训练计划的理解也就需要越深刻。

所以从无分化开始，逐渐过渡到二分化、三分化，是一个最好的训练选择。分化方式只有适用范围的区别，并没有高下之分。有时候长期采用三分化训练的健身者，重新进行无分化或者二分化的训练，也能够获得不小的进步。

2. 从训练容量角度拆解计划

通过容量计算，可知某个计划对身体肌群的训练是否足够全面。若某肌群周容量小于5组，可知该计划忽视该肌肉的训练；若某肌群周容量高于12组，可知该计划重视该肌肉的训练。通常来说，训练水平越高，增肌者就越难以在一个阶段内顾及所有的肌群。如果能够每个阶段有的放矢，针对某几个肌群进行针对性训练，训练效果可能会更好，下个阶段再针对上个阶段没能够充分训练的肌群展开针对性训练，如此循环往复，进步会更快更稳定。

3. 从训练强度和每组次数角度拆解计划

观察训练所使用强度与每组次数，可知该计划是侧重于力量增长、肌肉肥大还是肌耐力强化。若该计划所使用的强度较大（低于8RM），则属于肌肉与力量兼顾的训练计划；若该计划所使用的强度较小（高于20RM），则属于肌肉与肌耐力相关的训练计划。

4. 从计划的进阶策略角度拆解分析

观察该计划的进阶策略，可知该计划的可持续性。若进阶策略较为单一（比如只增加训练强度），则该计划通常不可持续使用超过8周。

第六章

拆解力量举训练

这一章节的内容可以被看作是为那些"力量举爱好者"所撰写的内容。但想要增肌的训练者也依然可以采用这一章节的训练计划来提高自己的力量水平，从而为之后的增肌计划打下一个良好的力量基础。

对于大众健身者而言，采用"增肌计划 – 力量举计划"相互交替进行的周期训练方式，更不容易遇到训练瓶颈，也更加容易进步。事实上，大部分的力量举运动员都是这么安排他们的训练的。

第一节
制订力量举计划需要考虑的要素

在学习力量举计划之前，我们要明白它与增肌、减脂计划的区别。

力量举是20世纪70年代从举重运动中分化出来的一个项目，该项目以深蹲、卧推、硬拉为比赛项目，这三个比赛也被称之为"三大项"。在比赛中，运动员需要先进行深蹲的极限重量试举，重复三轮；然后进行卧推的极限重量试举，重复三轮；最后进行硬拉的极限重量试举，重复三轮。三个动作单次试举最大重量相加后成绩最高的运动员将赢得比赛。

与奥运会项目中的举重比赛不同，力量举比赛项目参赛的选手大多数都是健身爱好者，而不是职业运动员。

虽然健美者和力量举训练者都会练习深蹲、卧推、硬拉，两者在训练计划上也有些接近，但是健美者练习的目的是为了增加肌肉维度，力量举训练者则是为了提高三大项的成绩。

因此，力量举训练者通常会频繁地训练深蹲、卧推、硬拉和其他能够提高三大项成绩的动作，训练的强度也会更高（通常不低于80%），每组次数会低一些（通常不高于8次）。

目前有很多号称是力量举训练的计划就是简单粗暴地用深蹲、卧推、硬拉进行5组5次的训练，除此之外再无其他的训练项目。这绝非力量举计划。为了避免受伤和遇到瓶颈，我们还需要考虑深蹲、卧推、硬拉的拮抗肌的训练，稳定肌群的训练，需要考虑用一些辅助动作去提升我们的短板，用另一些辅助训练动作去防止动作体态出现问题。

制订一份力量举训练计划，需要考虑的注意事项并不少，制订训练计划的四个基本原则在力量举领域也依然适用：渐进性超负荷原则、专项性原则、个体差异原则以及持续性原则。

在变量安排方面，需要考虑到训练频率、动作强度、训练容量、组间歇、辅助动作的选取等因素。

一、渐进性超负荷原则

关于渐进性超负荷的内容，我在本书的第二章第一节已经详细讲述了。在力量举训练中，实现渐进性超负荷的方式主要有两种：

实现渐进性超负荷的方式1，增加训练强度。 许多力量举训练者热衷于不断为自己的三大项增加训练强度——毕竟提高三大项的成绩才是他们的训练目的。网络上经常会看到很多"容量不变，强度递增"的计划，比如用5组5次的计划，递进完成80公斤、82.5公斤、85公斤、87.5公斤的训练，这样的计划虽然简单，但是非常容易遇到强度增长的瓶颈。为了避免这种情况的发生，常见的力量举训练计划采取的进阶策略是"增加重量的同时，减少每组的次数"，或者采用波浪形的计划，比如"周一高强度，周三中低强度，周五高强度"的策略。

实现渐进性超负荷的方式2，增加训练容量。 力量举训练者通常会在增肌期为自己安排高容量训练。相同的强度，训练总量从2组变为5组，从25次变为50次，就意味着训练容量的增加。更多的辅助动作，也意味着训练容量的增加。

二、专项性原则

力量举训练，毫无疑问，是为了提高三大项的成绩。因此，越能够直接提升三大项成绩的训练，就越具有专项性。

5RM 深蹲比 10RM 深蹲更具有专项性；

杠铃后蹲比杠铃前蹲更具有专项性；

平板卧推比上斜卧推更具有专项性；

传统硬拉比罗马尼亚硬拉更具有专项性。

如果力量举计划中，罗马尼亚硬拉的频率比传统硬拉的频率更高，腿举和史密斯深蹲的频率比自由深蹲的频率更高，推举的训练频率比卧推更高，这份计划就容易被评定为是三大项训练的"专项性较低"。

三、个体差异原则

制订力量举训练计划的时候，需要考虑训练者的水平潜力、短板、主观需求和性格四个主要方面的因素。

个体差异要素 1：训练者的水平和潜力。零基础训练者、"佛系"健身者、初级训练者和资深训练者执行同样的计划，效果可能会完全不同。比如零基础的训练者在制订计划时，就需要考虑学习动作规范、习惯培养和体能提升的问题。此时如果让他们去执行资深训练者的计划，单次训练容量就太大了，可能训练一次后，需要很久才能够恢复，这类计划就不适合他们。

个体差异要素 2：训练者的短板。比如核心稳定能力差、臀中肌薄弱、肩袖稳定能力差、上背部薄弱、三大项动作有明显黏滞点、身体左右肌群不平衡等。这些都是显著的个体差异，在制订计划的时候应当考虑进去。

个体差异要素 3：训练者的主观需求。力量举训练者会为自己设定阶段性的目标，这些目标通常为：

（1）提高三大项（或其中某一项）的成绩

（2）提高肌肉量

（3）提高动作技术

（4）降低体脂、降低体重

目标不同，训练计划中的变量就会有很大的不同。"提高成绩"阶段，计划制订者会更多地考虑训练强度；"提高肌肉量"阶段，计划制订者会更考虑训练容量；"提高动作技术"阶段，计划制订者会更多地考虑动作的训练频率；"降低体脂"和"降低体重"阶段，计划制订者会更考虑"饮食和训练的结合"以及"如何在强度不变的情况下提高消耗"等。

本章第二节的力量举模板就是一个主要以"提高三大项（或其中某一项）"成绩为目的的训练计划。

个体差异要素4：训练者的性格。训练者的性格是制订计划中需要考虑的另一个重要因素。激进型的训练者喜欢频繁地进行更大重量、更多次数的训练，也就容易在训练中产生更多的疲劳，在执行计划时，很可能会临时增加训练量或者训练强度。而保守型的训练者在执行别人的训练计划时，很可能会低估自己的极限重量，或者是减少自己的训练容量。

个体差异要素5：营养饮食。毫无疑问，营养饮食会极大程度影响一个训练者的运动表现。热量盈余、充足的碳水化合物和蛋白质，能够为训练者带来更好的运动表现。

其他会影响计划的个体差异要素：训练者的性别、年龄会对力量举训练计划的制订有所影响，但这些因素不是造成计划差异的主要因素。

四、持续性原则

很多力量举训练者都忽视了训练计划的持续性原则。一个计划是否可持续，与对疲劳的管理、加重策略、训练计划是否存在短板、训练计划是否过于激进都有关系。除此之外，还需要考虑一些计划以外的内容，比如：训练者的心态建设、饮食手段、恢复手段等。

增肌计划中，实现持续性原则的方法有：合理的进阶速度、避免过大的训练压力、训练部位的均衡发展、考虑计划的强度/容量的自我调节。力量举计划也依然需要考虑这些。

比如力量举计划中，通常建议4周就进行一次主动减载，以消除前4周累积下来的疲劳，防止过度训练，如果一个12周的计划从未出现过减载期，那么这份计划的可执行性就值得怀疑；如果一份计划加重速度颇快，且没有退阶策略，那么这份计划就很容易遇到瓶颈；如果一份计划的推举、背部训练极少，这份计划的可持续性就会大打折扣，而且这份计划的缺陷还会影响到下个阶段的训练计划——训练者就必须在这份计划执行完毕后，增加更多的肩部、背部训练。一份长期容量过大，或是频率过高，或是强度过大的计划，都容易让训练者累积更多的疲劳，从而使得这份计划变得更加难以完成、更加难以持续。

第二节

一份可操控的力量举训练模板

如果你满足以下条件：

（1）已掌握力量训练的大部分动作，现在准备开始进行力量举训练。

（2）你的深蹲和硬拉还没有超过 2.5 倍体重，卧推还没有超过 1.5 倍体重。

（3）目前对力量举计划一无所知，或者知之甚少，但你希望能够自己制订计划。

（4）你希望这份计划不会太激进，也没有明显的短板。

（5）你希望随着时间的推移，自己对计划的理解能越来越深刻。

那么，我强烈推荐你使用下面这个力量举计划模板。我称之为龄动力量举模板（LDPL），该模板并不是一个严格意义上的"训练计划模板"，而是一个教会你如何制订力量举计划的方法。这个模板由四个内容组成：

第一个内容是动作项目分类；

第二个内容是强度容量组合表；

第三个内容是周训练计划表；

第四个内容是进阶策略。

一、动作项目分类

在力量举训练中，我会把训练动作分为四类：

第一类，专项动作。如深蹲、卧推、硬拉。

第二类，专项辅助动作。其训练目的是为了提高动作短板、减少动作缺陷、强化三大项稳定肌群等。

第三类，专项拮抗动作，主要是拉类动作和竖直推类动作。其训练目的是为了强化三大项的拮抗肌、稳定肌。你也可以认为是背部训练动作和肩部训练动作。

第四类，单关节动作。其训练目的是为了弥补某些训练短板，针对性训练某些肌肉群。

进一步细分的话，可以分为：

第一类 专项动作	深蹲 卧推 硬拉
第二类 专项辅助动作	专项辅助动作主要是三大项的变式及近似动作。 深蹲变式及近似动作：暂停深蹲、前蹲、剪蹲、腿举 卧推变式及近似动作：暂停卧推、哑铃卧推、窄距卧推、上斜卧推、俯卧撑、双杠臂屈伸 硬拉变式及近似动作：罗马尼亚硬拉、垫铃硬拉、垫人硬拉、弹力带硬拉、膝下半程硬拉、膝上半程硬拉
第三类 专项拮抗动作	竖直拉：引体向上、高位下拉 水平拉：上背部主导的划船、下背部主导的划船 竖直推：杠铃推举、哑铃推举（准确来说，这不算是三大项的拮抗动作，但是暂时归为这类）
第四类 单关节训练 动作	手臂辅助：弯举、臂屈伸 肩部辅助：杠铃提拉、侧平举、绳索面拉、俯身飞鸟 下肢单关节辅助：腿屈伸、腿弯举 核心强化：平板支撑、死虫动作、GHD 仰卧起坐、山羊挺身、早安躬身

以上的内容在本章第三节会进行更加详细的讲解。

在训练中，通常可以这样安排训练：

选择 1~2 个专项动作 +1 个专项辅助动作 +0~3 个拮抗动作 +0~3 个单关节动作，每次训练不超过 6 个动作。

以下就是一个非常简单的训练模板，该模板主要针对深蹲和卧推进行提高，一周有 4 次卧推，3 次深蹲，1 次硬拉。

训练日 1	训练日 2	训练日 3	训练日 4
深蹲	深蹲	卧推	深蹲
卧推	卧推	硬拉	卧推
卧推的辅助	卧推的辅助	硬拉的辅助	卧推的辅助
竖直拉类动作	竖直推类动作	竖直拉类动作	竖直推类动作
水平拉类动作	肩部辅助动作	水平拉类动作	肩部辅助动作
手臂辅助动作	肩部辅助动作	水平拉类动作	竖脊肌训练

二、强度、组数、次数搭配表

	强度（RM）	强度（%1RM）	组数	次数
轻型组合	11~20RM	60%~70%	3/4/5 组	8~12 次
中型组合	5~10RM	75%~87%	3/4/5/6 组	3~8 次
重型组合	4~6RM	85%~90%	3/4/5/6 组	2~5 次
极重型组合	3RM 及以下	90% 以上	2/3/4/5 组	1~3 次

组合策略：

极重型组合（简称"极重"）：强度 90% 以上，2~5 组，每组 1~3 次。组间歇 5~10 分钟。

重型组合（简称"重"）：85%~90% 强度，3~6 组，每组 2~5 次。组间歇 3~5 分钟。

中型组合（简称"中"）：75%~87% 强度，3~6 组，每组 3~8 次。组间歇 90~180 秒。

轻型组合（简称"轻"）：60%~70% 强度，3~5 组，每组 8~12 次。单关节动作可以做到 11~20 次。组间歇 60~90 秒。

选做型组合（简称"选做"）：75% 以下强度，轻松完成的组数和次数。

三、周计划表模板

项目	训练日 1	训练日 2	训练日 3	训练日 4
专项动作	中	中	重	选做
专项动作	中	中	中	选做
专项辅助动作	轻	轻	轻	选做
拮抗动作	中	中	中	轻
拮抗动作	轻	轻	轻	轻
单关节动作	轻	轻	轻	轻

上述是一个简易的训练计划模板，我们可以根据自己的需求，对这个模板进行调整，以下是遵循该模板的训练计划的具体示例。

训练者 A，刚刚开始力量举训练，希望稳步提高力量水平，让自己没有明显的短板。该计划深蹲 2 次，硬拉 1~2 次，卧推 3 次，以下为第一周计划安排：

训练日 1	组合策略	强度（%1RM）	组数 × 次数
深蹲	中	75%	5×5
卧推	中	75%	5×5
卧推辅助	轻	60%	3×8
引体向上	中	75%	3×5
器械划船	轻	60%	3×12
山羊挺身	轻	可负重	3×10

训练日 2	组合策略	强度（%1RM）	组数 × 次数
卧推	中	75%	5×5
硬拉	中	75%	3×5
硬拉辅助	轻	60%	3×8
推举	中	75%	3×5
侧平举	轻	60%	3×15
俯身飞鸟	轻	60%	3×15

训练日 3	组合策略	强度（%1RM）	组数 × 次数
深蹲	重	85%	4×4
卧推	中	75%	3×5
卧推辅助	轻	60%	3×8
引体向上	中	75%	3×5
器械划船	轻	60%	3×12
山羊挺身	轻	可负重	3×10

训练日 4	组合策略	强度（%1RM）	组数 × 次数
硬拉	选做	自由安排	自由安排
深蹲辅助	选做	自由安排	自由安排
腿部动作	选做	自由安排	自由安排
推举	中	75%	5×5
哑铃推举	轻	60%	3×10
面拉	轻	最轻	3×15

训练者 B，基础良好，上背部薄弱，肩袖曾经受过伤，希望在下一阶段专注提高卧推成绩，该计划卧推 3~4 次，深蹲 2 次，硬拉 2 次，辅助项尽可能安排绳索面拉、推举、哑铃推举、侧平举、俯身飞鸟、宽握杠铃划船等短板动作，以下为第一周计划安排：

训练日 1	组合策略	强度（%1RM）	组数 × 次数
卧推	中	75%	5×5
深蹲	中	75%	5×5
卧推辅助	轻	60%	3×8
引体向上	中	75%	3×5
器械划船	轻	60%	3×12
面拉	轻	60%	3×15

训练日 2	组合策略	强度（%1RM）	组数 × 次数
硬拉	中	75%	3×5
卧推	中	75%	5×5
哑铃卧推	轻	60%	3×8
推举	中	75%	3×5
侧平举	轻	60%	3×15
俯身飞鸟	轻	60%	3×15

训练日 3	组合策略	强度（%1RM）	组数 × 次数
卧推	重	85%	3×4
深蹲	中	75%	3×5
俯卧撑	轻	60%	3×8
引体向上	中	75%	3×5
器械划船	轻	60%	3×12
山羊挺身	轻	可负重	3×10

训练日 4	组合策略	强度（%1RM）	组数 × 次数
高位下拉	选做	自由安排	自由安排
单臂哑铃推举	选做	自由安排	自由安排
腿部肌群	选做	自由安排	自由安排
推举	中	75%	5×5
臂屈伸	轻	60%	3×10
面拉	轻	最轻	3×15

训练者 C，基础良好，希望在下一阶段专注提高硬拉成绩，该计划硬拉 3 次，卧

推 2 次，深蹲 1~2 次，辅助项尽可能安排硬拉辅助、背部动作、腿部动作，以下为第一周计划安排：

训练日 1	组合策略	强度（%1RM）	组数 × 次数
硬拉	中	75%	5×5
卧推	中	75%	5×5
硬拉辅助	轻	60%	3×8
引体向上	中	75%	3×5
器械划船	轻	60%	3×12
山羊挺身	轻	可负重	3×10
训练日 2	组合策略	强度（%1RM）	组数 × 次数
深蹲	中	75%	3×5
硬拉	中	75%	3×5
深蹲辅助	轻	60%	3×8
推举	中	75%	3×5
侧平举	轻	60%	3×15
俯身飞鸟	轻	60%	3×15
训练日 3	组合策略	强度（%1RM）	组数 × 次数
硬拉	重	85%	3×4
卧推	中	75%	3×5
深度辅助	轻	可负重	3×8
股四头肌 / 股二头肌强化	轻	70%	3×5
侧平举	轻	60%	3×15
俯身飞鸟	轻	60%	3×15
训练日 4	组合策略	强度（%1RM）	组数 × 次数
深蹲	选做	自由安排	自由安排
硬拉辅助	选做	自由安排	自由安排
引体向上	中	自由安排	自由安排
宽握器械划船	轻	60%	自由安排
腿部肌群	轻	60%	自由安排
GHD 仰卧起坐	轻	最轻	3×15

事实上，训练者也可以不必完全遵循上述的训练计划模板，根据自己的实际情况拆解模板、调换项目，也是可以的。比如将模板中的专项动作替换为专项近似动作（比如卧推伸肘弱的训练者，有时候就可以把卧推换成窄距卧推；深蹲底端稳定能力和启

动能力弱的训练者，有时候就可以把深蹲换成暂停深蹲进行训练）；将专项近似动作替换为单关节动作（比如在肩关节不适的时候，可以把上斜卧推换成臂屈伸；在下背部疲劳的时候，可以把暂停深蹲或者六角杠铃硬拉换成固定器械的腿部训练）。

作为计划模板的发布者，我更希望大家能够在执行该模板后，举一反三，因地制宜。对模板进行符合自身训练水平、训练需求、个人特质的改造，不必拘泥于模板原本的样子。

符合你的训练目的，能执行并且能成功的计划，对你来说才是最优的计划。

四、进阶策略与示例

（一）不同组合的进阶策略有所不同

极重型组合的进阶策略只有一种：增加强度，降低容量。

重型组合优先考虑增加训练强度，其进阶策略有三种，按照优先顺序排列：

1. 增加强度，降低容量；
2. 增加强度，维持容量；
3. 维持强度，增加容量。

中型组合中，强度和容量都很重要，训练尽量在不降低容量的情况下进行进阶，其进阶策略有三种，按照优先顺序排列：

1. 增加强度，容量不变；
2. 维持强度，增加容量；
3. 增加强度，降低容量。

轻型组合优先考虑增加训练容量，其进阶策略有两种：

1. 维持强度，增加容量
2. 增加强度，维持容量

（二）进阶策略的原则

原则1：重型组合为该计划的侧重点。所以应当优先进阶重型组合。

原则2：重型组合3次执行成功后，可以在第4次将重型组合难度提高为极重型组合。完成1~2次极重型组合后，该计划的潜力已经耗尽，此时应当重新设计训练计划。

原则3：在能够保证重型组合执行成功的情况下，每周尝试进阶 3~6 个中型组合。

训练年限越久，能进阶的中型组合数量越少；训练年限越短，能进阶的中型组合越多。

原则 4：在重型组合和中型组合都能够轻松进阶的情况下，再进阶轻型组合。

原则 5：计划应当每周制订。你不需要提前做好 4 周、6 周、8 周的计划，而是应当根据本周计划的完成情况，去制订下一周的计划。

（三）可能会出现的失败情况

该计划中，最有可能出现失败的是"重型组合"和"极重型组合"的训练安排。在该计划中，训练者应当不惜一切训练代价，尽可能保证它们的成功。代价包括：

1. 在制订重型组合计划时保守一些。

2. 略微降低前一次中型组合的训练难度。

3. 在试举前两天应当充分休息，做好饮食、按摩、放松等项目。

4. 在试举前一天做好充分的心理建设，可以反复观看自己大重量深蹲的视频，脑袋中反复想象次日自己"试举成功"的画面，并且加以强化。

5. 在试举前，训练者应当做好保护措施，以免试举失败时造成身体损伤。但是训练者心理上不应当存有"将会失败"的念头，而应当更多思考动作细节，想着如何去完成动作。一旦心理紧张，就多想动作细节，多反复想象自己试举成功的画面。

假如试举失败了怎么办？

假如重型组合试举多次失败，训练者可以降低强度至 85%，完成 1~3 组每组 2~3 次的训练。

假如重型组合试举多次失败，训练者可以降低重量进行 5 组 5 次的训练。

训练者应当分析该次试举失败的原因，在下一轮计划中进行改进。

五、第一周结束后，如何制订下一周计划？

重新强调一下原则 5：计划应当每周制订。你不需要提前做好 4 周、6 周、8 周的计划，而是应当根据本周计划的完成情况，去制订下一周的计划。

但是为了让正在阅读本书的各位明白后续计划的展开思路，我罗列了一个在四周时间内可能会展开的计划，该四周计划以前文的训练者 A 为例。

训练者 A 可以在黄色标识处进阶，提高训练难度。表格中的**黄色 + 下划线标识**为进阶后的计划组合。黄色是可以进阶，但训练者 A 没有进阶的计划组合。

第二周计划如下：

由于第一周计划完成情况良好，因此训练者 A 选择了在训练日 1 和训练日 3 进行进阶。

训练日 1	组合策略	强度（%1RM）	组数 × 次数	进阶策略
深蹲	中	77.5%	5×5	增加强度，容量不变
卧推	中	77.5%	5×5	增加强度，容量不变
卧推辅助	轻	60%	3×8	
引体向上	中	75%	4×5	强度不变，增加容量
器械划船	轻	60%	3×12	
山羊挺身	轻	可负重	3×10	

训练日 2	组合策略	强度（%1RM）	组数 × 次数	进阶策略
卧推	中	75%	5×5	
硬拉	中	75%	3×5	
硬拉辅助	轻	60%	3×8	
推举	中	75%	3×5	
侧平举	轻	60%	3×15	
俯身飞鸟	轻	60%	3×15	

训练日 3	组合策略	强度（%1RM）	组数 × 次数	进阶策略
深蹲	重	87.5%	4×3	增加强度，降低容量
卧推	中	75%	4×5	增加容量，强度不变
卧推辅助	轻	60%	3×8	
引体向上	中	75%	3×5	
器械划船	轻	60%	3×12	
山羊挺身	轻	可负重	3×10	

训练日 4	组合策略	强度（%1RM）	组数 × 次数	进阶策略
硬拉	选做	自由安排	自由安排	
深蹲辅助	选做	自由安排	自由安排	
腿部动作	选做	自由安排	自由安排	
推举	中	75%	5×5	
哑铃推举	轻	60%	3×10	
面拉	轻	最轻	3×15	

第三周计划：

第二周的完成情况相比第一周难，训练者 A 的进阶策略相对保守，还是选择在训练日 1 和训练日 3 进阶。

训练日 1	组合策略	强度（%1RM）	组数 × 次数	进阶策略
深蹲	中	80%	5×5	增加强度，容量不变
卧推	中	80%	5×5	增加强度，容量不变
卧推辅助	轻	60%	3×8	
引体向上	中	75%	5×5	强度不变，增加容量
器械划船	轻	60%	3×12	
山羊挺身	轻	可负重	3×10	

训练日 2	组合策略	强度（%1RM）	组数 × 次数	进阶策略
卧推	中	75%	5×5	
硬拉	中	75%	3×5	
硬拉辅助	轻	60%	3×8	
推举	中	75%	3×5	
侧平举	轻	60%	3×15	
俯身飞鸟	轻	60%	3×15	

训练日 3	组合策略	强度（%1RM）	组数 × 次数	进阶策略
深蹲	重	90%	3×3	增加强度，降低容量
卧推	中	75%	5×5	增加容量，强度不变
卧推辅助	轻	60%	3x8	
引体向上	中	75%	3×5	
器械划船	轻	60%	3×12	
山羊挺身	轻	可负重	3×10	

训练日 4	组合策略	强度（%1RM）	组数 × 次数	进阶策略
硬拉	选做	自由安排	自由安排	
深蹲辅助	选做	自由安排	自由安排	
腿部动作	选做	自由安排	自由安排	
推举	中	75%	5×5	
哑铃推举	轻	60%	3×10	
面拉	轻	最轻	3×15	

第四周计划：

在完成了前三周的计划后，第四周训练日 3 的第一个训练动作已经自然进阶至"极重型组合"。

训练日 1	组合策略	强度（%1RM）	组数 × 次数	进阶策略
深蹲	中	<u>82.5%</u>	3×5	增加强度，容量降低
卧推	中	<u>82.5%</u>	3×5	增加强度，容量降低
卧推辅助	轻	60%	3×8	
引体向上	中	75%	5×5	
器械划船	轻	60%	3×12	
山羊挺身	轻	可负重	3×10	

训练日 2	组合策略	强度（%1RM）	组数 × 次数	进阶策略
卧推	中	75%	5×5	
硬拉	中	75%	3×5	
硬拉辅助	轻	60%	3×8	
推举	中	75%	3×5	
侧平举	轻	60%	3×15	
俯身飞鸟	轻	60%	3×15	

训练日 3	组合策略	强度（%1RM）	组数 × 次数	进阶策略
深蹲	重	<u>92.5%</u>	<u>2×2</u>	增加强度，降低容量
卧推	中	<u>80%</u>	<u>3×5</u>	增加强度，降低容量
卧推辅助	轻	60%	3×8	
引体向上	中	75%	3×5	
器械划船	轻	60%	3×12	
山羊挺身	轻	可负重	3×10	

训练日 4	组合策略	强度（%1RM）	组数 × 次数	进阶策略
硬拉	选做	自由安排	自由安排	
深蹲辅助	选做	自由安排	自由安排	
腿部动作	选做	自由安排	自由安排	
推举	中	75%	5×5	
哑铃推举	轻	60%	3×10	
面拉	轻	最轻	3×15	

第五周"减载"，因此训练频率可以降低（不低于 2 次），动作也可以减少（不低于 3 个），主项容量也可以降低（不低于 3×3），强度也有所降低（不低于 75%）。

第五周，训练者 A 只训练三次，他放弃了第四周训练日 2 的安排。同时每次训练只保留主项动作和少量辅助动作，主项的训练强度不超过 85%，但也不低于 75%。

训练日 1	组合策略	强度（%1RM）	组数 × 次数
深蹲	中	80%	3×5
卧推	中	80%	5×5
引体向上	中	75%	3×5
器械划船	轻	60%	3×12
器械划船	轻	60%	3×12
山羊挺身	轻	可负重	3×10
训练日 2	**组合策略**	**强度（%1RM）**	**组数 × 次数**
硬拉	中	80%	3×3
卧推	中	80%	5×5
推举	中	75%	5×5
哑铃推举	轻	60%	3×10
面拉	轻	最轻	3×15
俯身飞鸟	轻	60%	3×15
训练日 3	**组合策略**	**强度（%1RM）**	**组数 × 次数**
深蹲	选做	自由安排	自由安排
卧推	选做	自由安排	自由安排
引体向上	选做	自由安排	自由安排
面拉	轻	最轻	3×15

在第五周结束后，训练者 A 可以根据前四周的完成情况，决定后续训练的方向。如果前四周的计划都能够顺利完成，训练者则可以继续使用该计划，直到该计划进步潜力逐渐耗尽。如果在前四周里，训练者 A 多次试举失败，则应该分析原因，并重新为自己制订一份训练计划。

第三节
训练动作的选择

在力量举训练计划中，除了三大项以外的内容，都可以称之为辅助训练项目。训练者可以变着花样"制造出"很多辅助训练项目，但我在前文中说过了，并非"动作越多越好"，太多的训练动作可能让你不知所措，尤其是对于需要看这本书来学习知识的读者而言。因此，我不愿罗列太多的专项变式/近似动作。

一、如何选择动作变式

在下文中，强度的衡量标准有两个：一个是日常训练重量的百分比；一个是极限重量的百分比。

（一）深蹲的动作变式以及近似动作

1. **暂停深蹲**。暂停深蹲通常指的是在深蹲蹲至最低点时，停留 1~3 秒再站起来。暂停深蹲的好处很多，许多力量举训练者都喜欢用暂停深蹲进行训练。暂停深蹲能够提高训练者在深蹲最低点的身体稳定能力，以及从最低点启动的能力。我建议采用日常深蹲训练重量的 60%~70% 的强度进行暂停深蹲训练。训练时，蹲至最低点，憋住气，停留 3 秒，然后站起。通常建议每组 5 次以内。也有不少训练者喜欢用箱式深蹲进行训练，初学者在练习箱式深蹲时，容易放松脊柱坐到箱子上，从而导致运动损伤。

2. **前蹲**。前蹲是将杠铃放置在颈前的深蹲方式。举重运动员会经常训练前蹲，有些力量举训练者完全不练习前蹲。前蹲通常对踝关节活动度的要求更高，前蹲可以用来发展伸踝能力，发展伸膝能力。同时前蹲要求训练者的躯干在下蹲时尽量竖直，所以，在深蹲时"胸椎容易弯曲""身体前倾过大"的训练者，可以采用前蹲作为辅助训练。

通常建议用后蹲极限重量 50% 以下的强度进行前蹲的训练。

关节活动度不够的人，可以不必采用举重式前蹲，而是可以借由助力带，或者采用双手交叉的握杠方式。

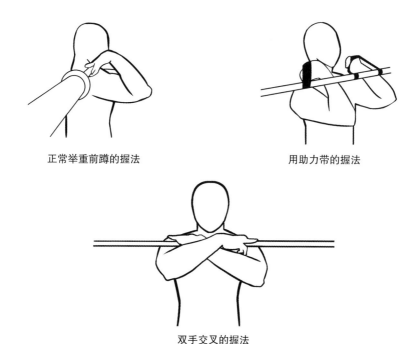

正常举重前蹲的握法　　　　　　　　　　用助力带的握法

双手交叉的握法

3. **箭步走**。剪蹲、箭步走都是在分腿的情况下完成的动作，在训练动作中增加分腿的动作练习有助于减少腿部左右侧的肌力不平衡的现象，同时能够加强踝关节、膝关节、髋关节稳定能力，加强身体的平衡性。

4. **腿举**。如果训练者在下背部已经非常疲劳，但又希望进一步增强腿部训练容量、增加腿部肌肉，那么就可以考虑进行腿举、腿屈伸、腿弯举等固定器械的训练。

5. **泽奇深蹲**。泽奇深蹲是一个不需要深蹲架也能够完成的动作。它只需要你屈肘，将杠铃架在你的肘关节处，然后完成深蹲即可。这是一个非常好的强化上肢稳定能力、核心稳定能力的动作。

（二）卧推的动作变式以及近似动作

1. **暂停卧推**。暂停卧推指的是杠铃下放到胸口后，停留1~3秒再推起来。在力量举比赛中，杠铃下放至胸口时，裁判会等到杠铃落稳后才会允许将杠铃推起，其中有接近1秒钟的停顿时间，暂停卧推比普通杠铃平板卧推更加接近比赛项目的标准。因此可以认为，暂停卧推是力量举训练者最需要练习的卧推辅助动作，甚至你应该将其作为主项训练。

2. 窄距卧推。窄距卧推指的是握距小于正常卧推的卧推方式。窄距卧推可以用来发展伸肘力量、提升卧推至远端的能力。

3. 哑铃卧推。哑铃卧推的主要价值在于保证身体左右两侧的平衡，让弱侧手不至于对训练造成负面影响。在哑铃卧推的训练中，强侧手应当迁就弱侧手。比如弱侧手只能完成 9 次重复，强侧手能够完成 12 次重复，此时训练就不应当超过 9 次。

4. 上斜卧推。力量举训练者有时候会采用起桥的方式完成训练，因此力量举训练者的胸肌下部通常要比胸肌上部发展得好。上斜卧推能够增强胸肌上部的维度。

5. 双杠臂屈伸 / 俯卧撑。俯卧撑是最好的上肢推类动作。不需要任何的器械，徒手就能够完成。同时，俯卧撑结合了上肢训练与核心训练，在强化上肢的同时，俯卧撑还能对肩胛骨、肩袖肌群和腹横肌的稳定能力有提升。卧推动作中，肩胛骨是始终保持向后合拢的状态的，而俯卧撑动作中，肩胛骨需要在动态中保持相对稳定，因此俯卧撑能够以卧推无法实现的形式，训练到肩胛骨的稳定能力。

其他不太常见，但在特殊时期可能有用的卧推辅助动作，平常不需要专门训练：

1. 弹力带 / 铁链卧推。提高卧推时的底端启动速度，提高卧推的速度，突破卧推动作中的黏滞点。

2. 木板卧推。很多有装备的训练者会使用木板卧推。木板卧推通常需要有辅助者才能够完成，辅助者将木板放置在训练者的胸口，训练者将杠铃下落，放置在木板上，然后推起，这种训练方式缩短了卧推的做功距离，能够使用比平常更加重的重量进行训练。

（三）硬拉的动作变式以及近似动作

1. **六角杠铃硬拉。**很适合用于提高训练容量。

2. **罗马尼亚硬拉。**强化腘绳肌、臀大肌，提高身体后侧的柔韧性。

3. **山羊椅硬拉。**强化下背部的稳定能力。

其他不太常见，但在特殊时期可能有用的硬拉辅助动作，平常不需要专门训练：

1. 弹力带硬拉。提高硬拉的底端启动速度，提高硬拉的速度，突破硬拉动作中的黏滞点。

2. 垫人拉。提高硬拉的动作难度，增强训练者在硬拉时的启动能力。

3. 垫铃拉。降低硬拉的动作难度，可以用于试举极限或者亚极限的重量。

4. 膝上半程硬拉。超负荷训练神经募集能力，提高硬拉的锁定能力。

5. 膝下半程硬拉。提高硬拉启动能力。

二、拮抗肌动作与单关节动作的意义

力量举训练者最容易受伤的部位在于膝关节、下背部和肩关节。

中下斜方肌薄弱、三角肌中后束薄弱、肩袖稳定能力差是很多力量举训练者肩部产生不适感甚至受伤的原因；臀中肌薄弱容易导致膝关节受伤；下背部累积太多的疲劳也容易受伤。

拮抗肌训练和单关节动作的意义在此就不言而喻了。

（一）水平拉训练动作

1. 俯身杠铃划船 / 坐姿器械划船

2. 宽握俯身杠铃划船 / 宽握坐姿器械划船

（二）竖直拉训练动作

1. 引体向上

2. 高位下拉

（三）推举类动作

1. 杠铃推举：强壮肩膀。

2. 哑铃推举：强壮肩膀。

（四）肩部肌群

1. 侧平举：强化三角肌中束。

2. 俯身侧平举 / 俯身飞鸟：强化三角肌后束。

（五）核心肌群

1. 山羊挺身。山羊挺身可以分为"髋屈伸"和"脊柱屈伸"两类山羊挺身。建议初学者采用"髋屈伸"的方式完成动作。具体做法可以查看我的公众号：陈柏龄的酱油台，回复：山羊挺身。

2. 早安躬身。

3. 平板支撑：一个经典又简单的核心稳定动作。

4. 侧平板支撑：对力量举训练者非常有帮助，可以在休息日进行几组训练。

5. 死虫动作：死虫动作看似很简单，但对于没有任何健身习惯的训练者们，这个动作是一个价值极其高的激活核心的动作。在这个动作中，训练者对侧的手脚一起伸展和屈曲，训练者的腰椎、肩胛骨、骨盆也会在动作中产生"变形"的趋势。但是这样的变形趋势却正好处于训练者能够控制和克服的难度之内，所以是一个极佳的核心训练动作。

6. GHD 仰卧起坐：仰卧起坐在健身领域有被妖魔化的趋势。但如果你能够借助 GHD 这个器械，在脊柱尽量中立的情况下完成它，这就是一个非常好的身体前侧的稳定肌群训练动作。

7. 卷腹：卷腹不仅能够训练到腹直肌和脊柱屈曲的功能，而且对肋骨外翻体态的训练者有良性的影响。

（六）腿部肌群

1. 腿屈伸：强化股四头肌。

2. 腿弯举：强化腘绳肌。

（七）手臂肌群

1. 弯举：强化肱二头肌。

2. 臂屈伸：强化肱三头肌。

第四节
补充说明

一、龄动力量举计划模板为什么是四天而不是三天？

事实上，很多力量举的训练计划都是一周进行 3 次的训练。我曾经有相当长的一段教学时间，都在为学员制订一周 3 练的力量举计划。但是，一周三练的训练计划很难在训练中加入足够多的拮抗动作。

如果你希望一周练习 2 次卧推、2 次深蹲、1 次硬拉（或者更多）。那么你很难在一周的训练内，完成所有的拮抗肌群的训练。你或许能够训练两次背部，但那样你的肩部练习就会变少了；你或许能够练两次肩部和两次背部，但那样你的主项动作的练习就会减少了。

所以，最好的方式是，额外加入一天，专门用于进行拮抗肌动作和单关节动作的训练。

第四天你可以不练习专项动作，我会更倾向于将所有的专项动作都改为专项拮抗动作和单关节动作的训练。

二、如果我一周只能训练三天怎么办？

如果你一周只能训练三天，那么在这个阶段，你必须在辅助项目上有所舍弃。

这个阶段，你可能会弱化你的肩，或者是你的手臂，或者是你的背阔肌，又或者是你的上背部。

在这个阶段被弱化的肌肉群，你应当在下个阶段额外弥补。

一周三练的力量举计划，往往需要训练者对动作、计划有更成熟的认知。

三、第四个训练日的计划和前面三个训练日有什么不同？

事实上，前面三个训练日的计划都可以认为是正式的力量举训练，第四个训练日与前三个不同。

在训练的第四个训练日，你应当将心态放轻松，在设定计划时，你应当把这次训练当作一次轻松的训练，让自己去享受训练过程，而不仅仅是完成目标。第四个训练日的目标，应当只有两个：提高拮抗肌的肌肉量（必做），优化主项动作技术（选做）。

四、第四次训练较轻松，能否省略或挪到其他三次，这样一周练三次可以吗？

理论上是可以的，但是这会延长另外三次训练的训练时间（训练时间会长达 3.5 小时甚至更多），并且降低后续项目中的训练质量。训练者的训练心态也会受到影响，原本训练者在第四次训练中处于轻松的心态完成计划，但挪动后，训练者在执行项目时，处于身体疲惫的姿势，难以感觉到轻松。长期执行如此长时间的训练计划，对于有正职工作的上班族而言，很不利。

五、第四次的训练我是否可以将专项动作和专项近似动作全部改为专项拮抗动作和单关节动作进行训练？

当然可以。

六、有没有一些动作在使用后，需要注意其他方面的影响？比如某位训练者传统极限硬拉重量 180 公斤，用 140 公斤的六角杠铃进行了 4 组 10 次的训练，或者他采用 190 公斤进行架上拉 3 组 3 次，之后是否会影响到其他的训练？

这需要分情况讨论。如果该训练者用的是本书的训练模板，六角杠铃硬拉和架上拉放到训练日 3 的"重型组合"那一天进行这样的训练，对后续的训练是没有影响的。但假如该训练者是在练完了主项动作之后，再进行这样的辅助项目训练，就会影响后续的训练质量、影响第二天的恢复了。

七、有没有一些常见的训练动作搭配？

建议同一天的搭配：

1. 推举类动作 + 肩部肌群动作，绳索面拉可以放在当日最后。
2. 深蹲 / 硬拉辅助动作 + 腿部动作，竖脊肌训练动作可以放在当日最后。
3. 竖直拉动作 + 水平拉动作，绳索面拉 / 竖脊肌训练动作可以放在当日最后。

八、龄动力量举模板的不足之处

1. 除了第五周的减载，这个计划模板没有设置一个疲劳调节系统。训练者四周累积的训练压力，只能在完成训练计划后得到调节。

2. 这个训练计划的训练频率和周训练时长都不低，非常不适合那些工作繁忙的人。

3. 如果这个计划的执行者本身动作糟糕，那么执行这个计划会让他的动作变得更加的糟糕。因为这个计划的主项训练频率很高。

4. 这个模板更像是一个开始力量举的训练计划模板，而不是一个你能完全照搬它训练很久的计划。就像我说的，它是一个能够教会你如何拆解力量举机会的方法。所以我只列了每周应当如何进阶的训练思路。你需要在这个计划的基础上，自主学习，不断调整，然后进步，然后抛弃它！

我相信，即使你抛弃了这份计划，这份计划制订的思路和理念会一直陪伴着你。

九、这个计划的休息日，是否可以进行其他项目的训练？比如进行间歇力量训练或者跑步训练？

这个计划不建议在休息日进行训练，除非你在休息日只进行 30 分钟以内的低强度有氧训练。当你开始执行本计划时，你就应当专注这个计划，剩余时间尽量让自己的身体放松、休息，否则会积累太多的疲劳值。

十、关于进阶策略

遇到瓶颈的时候，可以看看本书第二章关于训练进阶策略的内容，会对你制订计划有所帮助和启发的。

十一、如何拆解分析其他的力量举计划？

如果你想要观察一份力量举计划是否适合自己，你可以从以下的角度观察：

1. **持续时间**。一份力量举计划的持续时间越长，越不适合普通训练者采用，越长的计划越需要训练者对生活、训练、营养严格控制。刚开始执行力量举计划的训练者适合以 4 周为周期为自己制订计划，不适合采用 10 周、12 周等较长时间的计划。

2. **周期性**。力量举计划中通常会分为"增肌期"和"力量期"两个阶段。观察训练所使用强度与每组次数，可知该计划是侧重于力量增长、肌肉肥大还是肌耐力强化。若该计划所使用的强度较大（三大项训练强度均高于极限强度的 80%），则该计划倾向于力量增长；若该计划所使用的强度相对较低（三大项训练强度在极限强度的 70%~80% 之间），该计划倾向于增肌。

3. **动作全面度**。根据动作项目分类表，确定该计划是否遗漏某些类型的动作。若该计划中欠缺某些类型的动作，训练者需要注意在完成该计划后，弥补欠缺的动作类型。

4. **专项性**。如果一份计划中三大项的训练较多，辅助项目也都围绕三大项展开，则该计划专项性较强；如果一份计划中三大项的训练较少，则该计划专项性较低。

5. **进阶策略**。观察该计划的进阶策略，可知该计划的可持续性。若进阶策略较为单一（比如只增加训练强度），该计划通常不可持续使用超过 4 周。

第七章

拆解减脂训练

第一节
脂肪代谢的生理学过程

一、脂肪是什么

虽然对脂肪有百般怨念，但不可否认脂肪对我们的机体有着重要的意义。脂肪不但是"拜拜肉""游泳圈"等讨厌身体部位的主要组成成分，还是人体储存和提供能量的主要载体。

正常人体内脂肪含量约占体重的 10%~20%[1]，储存在其中的能量是体内糖的储存能量的 100 倍左右。1 克脂肪完全氧化可以产生 9.3 千卡能量，是 1 克糖完全氧化供能的两倍还要多（糖的卡价为 4.1 千卡 / 克）[2]。

脂肪在人体内以半液态的甘油三酯储存[3]。无数的甘油三酯分子集结在一起，与少许水分一起形成大脂滴储存在脂肪细胞内。当提供能量时，体内的甘油三酯会经过一系列化学反应，最终被氧化为二氧化碳和水排出体外[4]。任何减脂方案背后的原理都是基于快速代谢掉体内的甘油三酯分子这一点（吸脂手术除外）。因此，深陷减脂期无法自拔的你，有必要了解一下脂肪的合成与代谢。相信它会对你减脂有所帮助，或者至少也能让你找到瘦不下去的原因。

二、脂肪的合成

脂肪在体内的合成主要有两条途径，一种是利用食物中的脂肪转化为人体的脂肪[5]。当我们摄入含油脂的食物（例如坚果、油炸食品、巧克力等）后，小肠内膜会吸收油

注：感谢生物化学硕士朱俊杰对本小节内容提供的专业支持。

脂并合成乳糜微粒，后者再通过血液运输到脂肪细胞中储存起来变成脂肪。

另一种途径是将摄入的碳水化合物转变为脂肪，即人体储存能量的过程，该途径是人体脂肪合成的主要方式。当我们摄入碳水化合物类（主食、甜食、高含糖量水果等）后，过多的血糖会被运送至肝脏最终合成为甘油三酯，后者在一种脂蛋白的帮助下经由血液运送到脂肪细胞中储存起来[6]。

简单来说，我们日常吃进的碳水化合物类和脂肪，会被身体加工或吸收，最终以甘油三酯的形式储存起来。当你发现身上的肥肉"日进斗斤"时，可能是你糖吃得太多，也可能是你油脂吃得太多。如果碰巧你是瘦肉疯狂爱好者，过多的蛋白质摄入也会转化为脂肪储存起来。目前市面上有不少流行的减脂饮食是从控制碳水化合物摄入的角度入手的，就是依据这个道理。

三、脂肪的代谢

脂肪代谢的生化过程可以分为三个步骤，分别是：动员、转运以及氧化[7]。下面依次给大家介绍。如果你能够加快脂肪代谢的每个步骤，你的减脂效率就会大大提高。

1. 动员——"就是动员大会的动员。"

脂肪动员即大家俗称的"脂肪分解"。在这一步骤中，脂肪细胞中储存的甘油三酯，经过脂肪酶的催化，分解为甘油和脂肪酸[8]。甘油经磷酸化后，转变为磷酸二羟

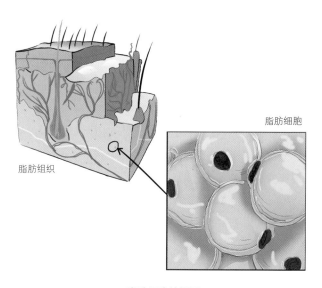

脂肪细胞

脂肪组织

脂肪细胞的样子

丙酮进入糖酵解途径进行代谢，这里我们不再详谈。重点是脂肪酸，它与白蛋白结合，经由血液运送到全身各组织待命，等待下一步氧化供能。

脂肪动员速率主要受脂肪酶活性的调控。该脂肪酶全称为激素敏感性甘油三酯脂肪酶（我们接下来将其简称为 HSL），HSL 是脂肪分解的限速酶[9]。它的活性越高，脂肪分解的速度就越快。因此，想要加速脂肪的分解，我们需要想办法提高 HSL 的酶活性。

HSL 的酶活性受两类激素调控：肾上腺素类物质（儿茶酚胺类、副黄嘌呤、促肾上腺皮质激素等）和胰岛素[9]。当体内肾上腺素类物质含量高时，HSL 的酶活性就越高，分解脂肪的速度就越快；反之，当体内胰岛素含量高时，HSL 的酶活性就会受到抑制，分解脂肪的速度大幅降低。

在我们运动时，交感神经系统兴奋，肾上腺素等激素分泌增加，激活HSL的酶活性。交感神经系统会同时分泌糖皮质激素，抑制体内胰岛素分泌，使血液胰岛素浓度降低[10]。这里所说的运动，不包含散步、遛弯，只有当运动强度在50%~70%最大摄氧量时，交感神经系统的兴奋性才会有明显提高，血液内肾上腺素等激素浓度才会增高，从而提高HSL的酶活性，增加脂肪动员[9]。

胰岛素有抗脂解作用，血液中过高的胰岛素浓度可能会阻碍脂肪动员的速度[9]。所以，为了将胰岛素浓度控制在较低的水平，我们需要通过饮食计划来调控，但并不一定需要一天三顿吃水煮鸡胸肉和无盐无油手撕包菜。不切实际的饮食计划无法坚持执行。

当肾上腺素类激素和胰岛素都处于较高浓度时，HSL 酶会忽略肾上腺素类激素的存在，活性受胰岛素的抑制。

所以想要提高脂肪的动员速度，很简单，尽可能地提高提高肾上腺素；尽可能地维持胰岛素在较低水平！想要达到这两点，你需要做的是两件事情：一是尽可能地用会让你兴奋的方式进行训练；二是饮食中采用不引起血糖大量波动的饮食方法（对碳水摄入有所控制）。

这里需要提到一个令人悲伤的注意事项：如果在脂肪动员后，脂肪酸没有被成功转运，最终还是会合成回甘油三酯，你也还是会继续维持原样。想要提高减脂的速度，就必须增加脂肪的转运速度，接下来，我们就要讲如何提高脂肪的转运速度。

2. 转运——"如果你的脂肪酸成功转运，意味着你的减脂生涯也即将迎来转运。"

脂肪酸的转运过程分为两步，第一步在动员步骤时已提及，即脂肪酸与白蛋白结合，形成白蛋白—脂肪酸结合物，通过血液循环系统运送到各组织待命。我们可以通过运动来提升心率，从而提升单位时间心脏泵血量，最终达到加速血液循环的目的，使脂肪酸在更快的时间内运送至目的地。

脂肪酸转运的第二步则略微复杂，是转运过程的关键步骤。到达目的地的脂肪酸会与白蛋白"分手"，前者继续经过活化生成脂肪酰辅酶 A，然后在肉毒碱棕榈酰基转移酶（CPT）载体的帮助下，穿过线粒体膜，等待进一步氧化[11]。有氧和阻力训练是提高第二步转运的最好方法。长期保持规律训练会使细胞内线粒体的数目和体积增大，从而增加了线粒体的总容量。其次，有氧耐力训练和力量训练还能促进 CPT 的酶活性，加快脂肪酸进入线粒体的速度。

这里值得提一下，市面上的左旋肉碱所声称的减脂功效，都是基于外源补充左旋肉碱来提升 CPT 酶活性进而提高脂肪酸转运速度这一原理。在进行大重量力竭运动时，肌肉中游离的左旋肉碱水平会下降，脂肪酸氧化代谢受到限制，不能持续提供机体运动所需的能量。动物实验中表明，运动中外源补充左旋肉碱可以提高 CPT 整体活性，从而提升脂肪酸氧化速度，进一步表现为更高的运动表现，以及更明显的体重减少[12]。然而不幸的是，基于人体的研究少之又少，市场对左旋肉碱的功效褒贬不一，一部分人认为它确实有效，一部分认为买就是缴智商税，余下的一部分人表示"我就看看不说话"。左旋肉碱是否真的对人体有效，还有待进一步研究。

3. 氧化——"脂肪的一小步，腰围的一大步。"

终于到了最后一步，脂肪酸的产物脂肪酰辅酶 A 将在线粒体内迎来氧化。经过脱氢、水化、再脱氢、硫解等操作[13]，我们的脂肪最终变为二氧化碳、水和大量的 ATP（三磷酸腺苷）。至此，甘油三酯化作看不见也摸不着的二氧化碳，伴随呼吸，悄无声息地离开了我们的身体。

和前两步一样，氧化环节也可以人为加速，方法仍然是有氧耐力训练和阻力训练。一定强度的规律训练可以增加细胞内线粒体的数量和体积，使得氧化反应的工厂增加，氧化效率提升。另外，规律训练同样可以提升羟酰辅酶 A 脱氢酶——这一脂肪酸 β 氧化过程中关键酶的酶活性，从而提升氧化效率[7]。

四、小结

如果你觉得上述步骤都太复杂了，那么我们可以根据脂肪合成和代谢的过程，总结八条简要易懂的提高脂肪代谢能力的注意事项：

1. 减少脂肪合成

方法 1：提升能量消耗（提高运动消耗和非运动消耗）

方法 2：合理规划饮食来降低血液中游离甘油三酯的浓度（控制脂肪摄入）

2. 加快脂肪动员

方法 3：通过运动提升肾上腺素类激素水平（需要较高强度、令人兴奋的训练，比如间歇训练、健身房内的动感单车等）

方法 4：合理规划饮食来降低胰岛素水平（控制碳水摄入以降低血糖波动）

3. 加速脂肪转运

方法 5：通过训练提升心率和血流量（进行长时间低强度的运动，或者进行高强度的间歇运动）

方法 6：通过训练提高转运酶的质和量（通过有氧耐力训练和阻力训练，增强CPT 的酶活性）

4. 加速脂肪氧化

方法 7：提高线粒体的质和量（通过有氧耐力训练和阻力训练，增加线粒体的总容量）

方法 8：提高氧化酶的质和量（通过有氧耐力训练和阻力训练，提升酶活性）

第二节

制订减脂计划的步骤和思路

一、如何在减脂计划中提高热量消耗

在减脂计划中，我们需要尽可能地提高热量消耗（专项性原则）。提高热量消耗有三个方向：提高训练强度、提高训练容量/时长、提高训练频率（渐进性超负荷原则）。以跑步为例，在其余变量相同的情况下，速度越快，热量消耗越多；时间越长，热量消耗越多。一个普通减脂者在制订计划的时候，常犯的错误就是只考虑其中一个因素（只考虑了时间或者只考虑了速度），而忽视了另一个因素。

在减脂计划中，只考虑单一的因素，减脂者容易会高估自己的能力。比如：为了提高热量消耗，而为自己设定超出自己能力范围的训练强度或者训练时长。合理的减脂计划应该是："我要用 120 次/分钟的心率跑 60 分钟""我用 10 千米/小时的速度跑 30 分钟""我打算用 50% 的强度完成 5 组 15 次深蹲、俯卧撑和划船"。在同时考虑强度、容量和时长的情况下，减脂者才有可能设定一个较为合理的减脂计划。

我们需要考虑的提高热量消耗的另一个途径是提高训练频率。刚开始运动的减脂者，一周仅能运动 2~3 次，但随着身体适应能力的提高，运动频率可以提高至 4~6 次，如此一来，即使运动强度和运动容量都没有变化，但是减脂者在一周内的热量消耗也提高了。专业的健美选手在备赛期间为了减脂，甚至会一周训练十几次。

二、减脂者常用的几种运动减脂形式

1. 只进行力量训练。
2. 只进行低强度有氧训练。比如慢速跑步、游泳。

3. 力量训练结合有氧训练。比如一天力量训练，一天有氧；或者在同一天内，先进行力量训练，再进行有氧训练。

4. 采用间歇训练形式减脂（见本章第四节）。

5. 其他类型的运动项目。比如篮球、羽毛球等。

以上五种运动形式都能够帮助减脂。但如果想要逐步提高热量消耗，减脂者就需要逐步提高强度、容量或者频率了。

减脂并不是一个"训练体系"也不是一个"体育项目"，只要**"运动消耗热量＋基础代谢消耗热量"**大于**"饮食摄入的热量"**，人就能慢慢瘦下来。所以**几乎所有的运动项目都可以被用来减脂，只是减脂效率高低、减脂速度快慢的问题而已**。只要你在低热量消耗的运动（比如慢跑、散步）上花足够多的时间，也能够有一定的减脂效果（由于花费时间较多，所以上班族通常较难坚持下来）。

间歇训练是性价比较高的减脂方案，但间歇训练需要你对训练强度、组数、间歇时间都有较为精准的控制，因此建议有训练经验的减脂者开展间歇训练。

三、个体差异对减脂计划的影响

"训练水平""主观需求""饮食情况"和"是否有运动损伤"等个体差异都对制订减脂计划有所影响（个体差异原则）。

训练水平较高的减脂者，可以在一周内承受更高的训练频率和训练容量，其恢复速度也会更快。

一些减脂者可能会有"减脂的同时不降低肌肉量""减脂的同时不影响专项项目"等特殊需求。对于这类有特殊需求的减脂者，建议采用间歇训练的形式，或者专项运动＋有氧的形式，同时这类减脂者在饮食上也不建议采用低碳水饮食方法，这么做容易造成肌肉的流失和运动表现降低。

还需要考虑减脂者的营养饮食策略，如果减脂者采用的是低碳水的饮食方法，就不适宜进行训练强度较大的减脂项目，容易出现缺氧、头晕的情况。

在运动损伤方面，具有心血管疾病的减脂者需要先咨询医生、遵循医嘱，膝盖受过伤的训练者就不适宜采用跑步的方式减脂。

最后要考虑的是，减脂者的"恢复能力""疲劳程度"（持续性原则）。如果日常生活中，减脂者感觉到没有精神，心理和身体上感觉疲惫，那就意味着减脂者的训练容量、强度、频率需要适当降低。否则减脂者较难坚持，也就不会有持续的热量差。

制订减脂计划时，需要考虑的原则	
渐进性超负荷原则	提高训练强度、提高单次训练容量 / 时长、提高训练频率
专项性原则	提高热量消耗
个体差异原则	计划需要符合减脂者的训练水平
	计划需要满足减脂者主观需求
	计划需要考虑到减脂者的伤病情况，避免某些会引起伤病的运动
	计划需要考虑到饮食的情况
持续性原则	日常生活中，身体和心理不会过于疲累
	身体能够从上一次训练中恢复，不影响下一次训练

四、划分减脂人群

在减脂计划这个部分，我会把减脂者分为三类，这三类减脂者有着不同的减脂策略和减脂计划。

第一类减脂者为零基础健身者。这类减脂者不能直接进入高容量、高强度的训练之中，而是要循序渐进、缓缓图之。这类减脂者需要先学习规范的训练动作、养成运动习惯，打好基础，然后再慢慢增加训练强度、容量，正式进入减脂状态。我通常会为这类减脂者制订"力量 + 有氧训练"减脂模板。

第二类减脂者为身体素质极佳，且需要高效、快速减脂的健身者。我通常会建议这类减脂者考虑"间歇训练"或是"力量 + 有氧训练"。

第三类减脂者为需要兼容某些特殊目的（需要在减脂的同时保持肌肉，保持力量水平，或是保持某个专项运动的能力）的健身者。我通常会建议这类减脂者采用以下两种方式进行减脂：

（1）采用"专项计划 + 有氧"的方式减脂。

（2）将原本专项训练计划的降低强度，增加容量，变成"高容量、低强度专项训练"。

五、减脂计划制订的步骤

由于"减脂"训练中项目的多样性、动作的多样性、策略的多样性，所以在本章节中，我会更加侧重减脂的思路，而不是单纯地给出训练模板。希望大家能够参考我的思路和策略，为自己量身定制一个减脂计划。

以下是我制订减脂计划的步骤：

1. 确定训练目的

2. 确定自己的能力

3. 确定一周训练频率和分化方式

4. 为自己列举好当前阶段可以任意使用的"减脂模板"

5. 做好饮食规划

第三节

零基础减脂者的减脂计划思路和策略

对零基础减脂者而言，训练应当分为两个阶段。

第一阶段：这是建立减脂基础的阶段。这个阶段通常持续 2~4 周。在这 2~4 周内，健身者通过学习动作建立起动作基础，通过培养运动习惯养成心理基础，通过循序渐进的训练增加体能储备，为下一个阶段的减脂做准备。如果不经过第一阶段，直接开始第二阶段的训练，就会导致健身者在健身时动作不规范或过度训练导致伤病，需要较久时间恢复等情况，无法完成训练计划。

第二阶段：这是正式进入减脂状态的阶段。对这个阶段的减脂者来说，力量训练外增加有氧是必需的，因为初学者的单次力量训练强度和容量增加有限，也无法像资深训练者那样一周五六次高频地进行力量训练，因此，只能增加有氧运动的次数。在力量训练完后马上做有氧，对于一些运动能力稍差的人来说要求过高，那么就可以把这两项分开，在休息日做有氧。休息日低强度的有氧也有助于从力量训练中恢复。比如周一、三、五进行力量训练，周末两天进行低强度的慢跑、骑单车等。

第一阶段，建议减脂者采用本书第四章的初学者 L1 和 L2 计划。有余力的健身者可以额外加入每周 1~2 次的有氧位移训练。

第二阶段，减脂者的力量训练模板可以采用初学者 L2 计划的变式：

项目	强度	组数	次数	组间休息时间
臀腿动作（深蹲）	25~30RM	4~6 组	15~20 次	60 秒
臀腿动作（剪蹲、臀桥）	25~30RM	4 组	20 次	60 秒
胸部动作（卧推、俯卧撑）	25~30RM	4~6 组	15~20 次	60 秒

（续）

项目	强度	组数	次数	组间休息时间
肩部动作（推举、侧平举）	25~30RM	4~6组	15~20次	60秒
背部动作（高位下拉）	25~30RM	4~6组	15~20次	60秒
背部动作（器械划船/TRX划船）	25~30RM	4~6组	15~20次	60秒
卷腹/平板支撑		2组	力竭	30秒

这个力量计划模板相比初学者L2计划做了以下的改动：

（1）动作。改动不大，思路与L2计划类似。减脂力量计划模板中把硬拉动作换成了蹲类动作，因为高次数的硬拉容易让下背部疲劳，对恢复不利。

（2）强度。从15~20RM降低至25~30RM。

（3）组数。从2组提高至4~6组。

（4）次数。从10次提高至15~20次。

（5）总容量。从20次提高至60~120次。通常建议单个动作的总容量控制在80~100次左右，4组20次，5组15次，5组20次，6组15次都是不错的安排。

第二阶段减脂者的训练频率建议提高至每周4~6次。减脂者可以每周进行2~3次力量训练和2~3次有氧训练，只要总训练频率达到4次以上即可。之所以需要这么高的训练频率，是因为零基础减脂者单次能够承受的训练容量和强度都不高，想要增加运动消耗量，只能从增加训练频率、特别是增加有氧运动的训练频率来着手。以下是可供参考的一周运动安排：

第二阶段零基础减脂模板1（每周4次）	第二阶段零基础减脂模板2（5次）	第二阶段零基础减脂模板3（6次）
周一：力量训练	周一：力量训练	周一：力量训练
周二：有氧训练	周二：休息	周二：有氧训练
周三：休息	周三：力量训练	周三：力量训练
周四：力量训练	周四：休息	周四：有氧训练
周五：有氧训练	周五：力量训练	周五：力量训练
周六：休息	周六：有氧训练	周六：有氧训练
周日：休息	周日：有氧训练	周日：休息

第四节

间歇训练法

　　有基础健身者的减脂计划的思路主要分为两类：一类是考虑加入有氧训练的减脂计划，即采用力量训练＋有氧训练的方式来进行减脂；另一类是完全不考虑加入有氧训练的减脂计划，即全部通过"高强度或高容量的间歇训练"来进行减脂，每周进行4次以上的间歇训练，就能够有不错的减脂效果。前一类可以参考上一节"零基础减脂者"第二阶段的减脂策略。后一类则可以参考本节的间歇训练模板。

一、间歇训练的发展历史

　　间歇训练是由谁发明的已经不可考证，但体育界通常认为德国的田径教练沃德马尔·格斯勒（Woldemar Gerschler）与心血管学家哈尔伯特·莱恩戴尔（Herbert Reindell）奠定了现代间歇训练的基础。他们为间歇训练设定了5个基本要素：跑动的路程、间歇恢复时间、跑动的重复次数、跑动的时间、恢复过程的状态。同时，他们还为间歇训练提出了严格的控制标准，详情如下：

　　（1）经过准备活动，运动员的心率应当上升到120次/分钟。

　　（2）训练时的心率应当达到170~180次/分钟，休息90秒间歇后心率应当降低至120~125次/分钟，如果在恢复期心率没有达到这个水平的话，就说明跑的路程过长或者强度过大，反之则说明距离过短或者强度过小。

　　（3）随着运动员水平的提高，休息时间可以不断缩短。

　　通过上述的内容我们会发现，间歇训练的两个主要特征是：1. 严格控制休息时间；2. 在训练者未完全恢复时，开展下一组训练。80年前的间歇训练的雏形，已经比当下大众健身行业中的训练课程还要规范和精确，其中规范了六个基础变量：训练容量（跑的路程）、休息时间、重复次数、总训练时间、采用什么形式休息（休息时的运动状态）、训练强度（心率），还规范了进阶的策略（缩短组间休息时间）。[14]

1939年，一名运动员在格斯勒的指导下，在一年内连续打破了400米和800米的世界纪录，在田径领域引起了轰动，运动员们逐渐开始尝试在中短跑领域使用间歇训练方法。

间歇训练在世界范围内的成名，则是在1952年的奥运会上，一名捷克斯洛伐克的运动员采用间歇训练方法，一举夺得了5000米、10000米和马拉松三块金牌。该成绩证明了间歇训练在耐力项目中也依然可靠。

此后，间歇训练席卷了全世界，就此被田径、游泳、力量训练等各个领域使用。20世纪60年代，瑞典生理学家Per Olof Astrand所在的研究组首次对间歇训练进行了科学实验。结果发现，训练者采用间歇训练的方法，能够训练更久的时间，完成更大的训练量，生理指标（摄氧量、心率、血乳酸）也能一直维持在较高的水平。

第一个实验是受试者以350W的强度进行功率自行车的测试。受试者分别进行"持续训练""训练30秒-休息30秒""训练1分钟-休息1分钟""训练2分钟-休息2分钟""训练3分钟-休息3分钟"几种类型的测试。结果发现，"持续训练"只能维持9分钟的训练，而后面几种间歇训练可以维持60分钟以上，并且负荷时间越长，生理负荷（血乳酸、摄氧量、心率）越大。第二个实验是受试者以410W的强度进行两种不同的间歇训练。第一种训练时间和休息时间的比例是1:2，第二种是1:4。两种训练时间均为10秒、30秒和60秒。结果也是发现负荷时间越长，生理负荷（血乳酸、摄氧量、心率）越大。[15]

随后，陆续有运动学家对间歇训练的不同方法进行了实验，发现间歇训练在提高最大摄氧量、改善心血管疾病、提高无氧代谢能力、提高乳酸阈、减脂等方面均有较为显著的效果。由此，间歇训练成了一个效果显著、原理清晰、便于应用的训练模式。

如今，许多大众健身机构都会开设间歇训练课程，采用间歇训练的模式来提高体能储备、降低身体脂肪，比如CrossFit、INSANITY、SoulCycle等。

在本节中，我将告知大家运用间歇训练进行减脂的好处和思路，并为大家列举几个适合健身者的训练计划模板，大家可以参照训练计划模板，举一反三，制订适合自己的训练计划。

二、采用间歇训练进行减脂的好处

相比有氧运动，采用间歇训练进行减脂的优点有：

（1）训练者能够在较短时间内，完成更多的训练容量，减脂效率更高。

（2）训练项目具有多变性，相比连续性的有氧运动更加有趣。

（3）在发展有氧代谢能力的同时，也能够提高无氧代谢能力。

（4）中高强度的间歇训练能够维持肌肉量，而有氧训练不能。

（5）间歇训练可以和专项训练兼顾，对那些具有专项需求的减脂者更加有利。

相比传统力量训练方法，采用间歇训练进行减脂的优点有：

（1）训练者能够在较短时间内，完成更多的训练容量，减脂效率更高。

（2）训练者的有氧和无氧代谢能力提高更快。

三、采用间歇训练进行减脂的注意事项

1. 建议训练经验较少的健身者不要制订高强度的间歇计划，因为该训练方式需要对动作、计划都有较好的把控能力。

2. 在制订间歇训练的减脂计划时，有很多的变量可以调整，有很多形式可以参考，不必拘泥于某一种方法，多摸索、多尝试。间歇恢复时间、间歇恢复的形式、总训练时长、动作强度都可以成为你调整训练的方法。

3. 间歇训练通常采用"高强度 – 间歇恢复 – 高强度 – 间歇恢复"的方式进行训练。需要注意，间歇恢复可以是静止休息（比如波比跳10个 –30秒休息 – 波比跳10个 –30秒休息），也可以是进行低强度的运动项目（比如冲刺跑10秒 –慢跑60秒 –冲刺跑10秒 –慢跑60秒）。

4. 在选择动作时，优先选择全身性动作、跳跃类动作、位移类动作进行训练。

5. 在安排动作顺序时，可以采用上下肢动作交错的方式安排训练，这样做可以降低同一个部位的身体疲劳，以便完成更大的训练容量。

6. 在安排动作顺序时，尽量将难度较高的动作和难度较低的动作交错排列，这样做可以降低疲劳，以完成更大容量和更高强度的训练。

7. 进行间歇训练时，不应当处于空腹或饥饿状态，否则很容易造成缺氧、头晕、低血糖等现象。

8. 在训练过程中，最好佩戴心率表查看自己的心率状态。中青年训练者进行高强度项目训练时的心率控制在 160~180 次 / 分钟较为合适，进行中等强度项目训练时的心率控制在 140~160 次 / 分钟较为合适，进行低强度项目训练时的心率控制在至120~140 次 / 分钟较为合适。休息组结束时，心率应该在 120~130 次 / 分钟区间。（运动界对于间歇训练的心率区间合理范围，已经有了相对统一的标准，该数据参考自多个间歇训练的研究数据。[16][17][18][19][20]）

四、常见的几种间歇训练形式

EMOM：即 Every Minute on the Minute Workout。中文解释就是"一分钟内完成指定的动作与次数，这一分钟所剩下的秒数就是你可以休息的时间"。

AMRAP：即 As many reps as possible。 中文解释就是"在规定的时间内尽可能完成更多的组数或者次数"，这是一种固定时间的训练方式。具体操作方法就是安排一个或者多个动作，然后在规定时间内不断地重复完成它们。

AQAP：即 As quickly as possible，指的是尽可能快速地完成某个计划。

TABATA：这是一个四分钟的间歇训练计划，该计划以其创造者的名字 TABATA 命名。这是一个"20 秒训练 –10 秒休息"，重复 8 组的训练计划，训练者需要在四分钟内完成训练。

五、对间歇训练的误解

1. 间歇训练是一种训练方法，而不是一种运动项目。力量训练和跑步、游泳等运动项目都可以采用"间歇训练"的形式，但这并不意味着力量训练和跑步变成了另外的一项运动。

2. 一些健身者忽视了心率在间歇训练中的指导作用。实际上心率应当在间歇训练中作为强度的重要参考标准。

六、五套简易的间歇训练减脂模板

模板	项目	训练容量	循环数	注意事项
模板一	深蹲 俯卧撑 悬吊带划船	训练 30 秒 休息 30 秒	5 次循环	该模板采用"AMRAP"形式,即在规定的时间内完成尽可能多的组数或者次数。
模板二	反向划船	10 次	5 次循环	该模板采用"EMOM"形式,即每个动作的训练时间和休息时间合计为 1 分钟,1 分钟到达后则需要开始下一个动作的训练。举例:健身者 A 在前 30 秒完成训练,后面 30 秒可以用于休息。
	高脚杯深蹲	20 次		
	俯卧撑	12 次		
	开合跳	30 次		
	甩绳	30 次		
	15 米折返跑	1 次来回		
	平板支撑	训练 30 秒 休息 30 秒		
模板三	负重深蹲	3 组 20 次	1 次循环	该模板采用传统力量训练计划形式,每个动作的组间休息 30 秒,动作与动作间的休息间隔为 60 秒。
	徒手剪蹲	3 组 20 次		
	悬吊带划船	3 组 20 次		
	开合跳	3 组 20 次		
	俯卧撑	3 组 10 次		
模板四	甩绳	300 次	1 次循环	该计划采用"AQAP"形式,健身者需要尽可能快速地完成该计划。完成每个动作设定的次数后,才能开始下一个动作。每次停下来的休息时间不得超过 20 秒。
	俯卧撑	100 次		
	壶铃摇摆	100 次		
	悬吊带划船	100 次		
	波比	50 次		
	卷腹	200 次		
	开合跳	150 次		
模板五	跑步	2 分钟	1 次循环	该模板借鉴法特莱克训练法,如果觉得太简单,也可以以"快跑 + 慢跑"作为交替形式。
	行走	2 分钟		
	跑步	3 分钟		
	行走	2 分钟		

上述是五个简易的间歇训练模板。

前四个模板都考虑了以下的因素：

（1）包含蹲、推、拉的动作模式——全面训练身体功能

（2）训练容量高——提高热量消耗

（3）短间歇——以磷酸原和糖酵解供能系统为主

（4）上下肢动作交错——降低同一个部位的身体疲劳，以便完成更大的训练容量

（5）尽可能将难度较高的动作和难度较低的动作排在一起——降低身体疲劳，促进恢复，以便完成更大的训练容量

模板二、模板三、模板四还额外考虑了以下的因素：

（1）包含跳跃类动作——提高单位时间内减脂效率

（2）包含位移动作

模板一　计划的思路

模板一是最基础的间歇训练计划，训练时间和组间休息时间是固定的，训练的次数可以不必固定，减脂者只要完成尽量多的次数即可。模板一可以做很多的调整和改变，让它变成一个完全不同的计划：

1. 动作调整：增加剪蹲、推举、硬拉、卧推、波比开合跳等动作。或者将深蹲、俯卧撑、划船替换为其他动作。

2. 强度调整：增加动作负重，或者进行动作升阶。降低动作负重，或者进行动作降阶。

3. 训练时间调整：增加或者减少每个动作的训练时间。

4. 休息时间调整：增加或者减少每个动作的休息时间（该项与上一项结合，又能出现无数种计划演变）。

5. 循环组数调整：增加或者减少循环数。

按照上述方法模板一的间歇训练计划可以通过替换训练动作变为演变计划1，该变式与原本的模板一的强度相差不大：

减脂计划模板	项目	训练容量	循环数
演变计划1	波比跳 悬吊带划船 开合跳	训练30秒 休息30秒	5次循环

也可以通过增加训练动作、增加训练和休息时间，降低循环次数，将该计划变为一个强度特别大的计划。

减脂计划模板	项目	训练容量	循环数
演变计划 2	传统硬拉/相扑硬拉 俯卧撑 引体向上 杠铃深蹲 杠铃推举	训练 60 秒 休息 60 秒	2 次循环

这样的计划可以演变出成百上千个，只要你有足够的耐心，只要你足够了解自己。

模板二　计划的思路

模板二借鉴了"EMOM"模式，每个动作训练＋休息的时间恒定为一分钟，一分钟之内训练的次数是固定的。模板二可以做很多的调整和改变，让它变成一个完全不同的计划：

1. 动作顺序调整： 只需要改变动作的前后顺序，就能够将该计划变为一个完全不同的计划。

2. 动作调整： 增加或者减少动作或更换目前计划中的动作。

3. 强度调整： 增加动作负重，或者进行动作升阶。降低动作负重，或者进行动作降阶。

4. 每组次数调整： 增加或者减少每组次数。

5. 循环组数调整： 增加或者减少循环数。

按照上述方法模板二的间歇训练计划可以通过替换训练动作变为演变计划 1，该变式与原本的模板二的强度相差不大：

减脂计划模板	项目	训练容量	循环数
演变计划 1	罗马尼亚硬拉	10 次	5 次循环
	杠铃推举	20 次	
	俯卧撑	12 次	
	开合跳	30 次	
	深蹲	15 次	
	悬吊带划船	15 次	
	卷腹	20 次	

也可以通过减少训练动作，降低循环次数，将该计划变为一个时间特别短的计划。

减脂计划模板	项目	训练容量	循环数
演变计划 2	壶铃摇摆	20 次	3 次循环
	俯卧撑	12 次	
	引体向上	5 次	

模板三　计划的思路

模板三是在常规的力量训练计划基础上，降低了强度，增加了训练容量，严格控制了组间歇时间。减脂者只要尽量快速完成训练即可。模板三可以做很多的调整和改变，让它变成一个完全不同的计划：

1. 动作调整：增加或者减少动作或更换目前计划中的动作。

2. 强度调整：增加动作负重，或者进行动作升阶。降低动作负重，或者进行动作降阶。

3. 组数调整：增加或者减少组数。

4. 循环组数调整：增加或者减少循环数。

如果要修改该计划，也可以参考第五章中增肌计划方面的调整思路。

模板四　计划的思路

模板四是一个借鉴了"AQAP"模式的训练计划。该计划未设定组数、每组次数，减脂者只要尽量快完成训练即可。需要注意的是，每次停下来的休息时间不得超过 20 秒。该计划适合 2 人以上以竞赛形式进行，看谁能够先完成训练内容。该计划的训练时间控制在 35 分钟以内为佳，如果超过 35 分钟，说明训练强度太大了。模板四只能从动作顺序、动作选择和训练总容量上进行调整。

模板五　计划的思路

模板五则是借鉴了法特莱克训练法，采用高强度＋低强度（慢跑＋行走或快跑＋慢跑）的方式开展训练。进行高强度项目训练时的心率控制在 160~180 次／分钟较为合适，进行低强度组训练时心率应该控制在至 120~140 次／分钟。

第五节
兼容专项需求的减脂计划思路和策略

一些减脂者会有非常特殊的要求：

我希望在减脂的时候尽量保持我的肌肉量；

我想在减脂的时候尽量保持我三大项的力量水平；

我希望在减脂的时候，尽量不降低我 5 公里跑的速度；

我希望减脂不会影响我篮球 / 羽毛球的训练。

……

通常我会提供两种选择，这两种方法都需要尽量搭配减脂饮食，对热量摄入进行控制：

第一种：采用"专项训练＋有氧"的方式减脂。比如希望保持肌肉量的减脂者，可以继续沿用增肌的训练计划，只是额外加入更多的有氧训练。

第二种：将原本专项训练计划的形式降低强度，增加容量，变成高容量、低强度专项训练。

比如希望保持肌肉量的减脂者可以降低该训练强度，增加容量。

原计划：15RM 强度，每个动作 2 组 10 次。

更改后：25RM 强度，每个动作 4 组 15 次。

或者更改为：25RM 强度，每个动作 3 组 20 次。

而如果是力量举爱好者，想要减脂又不降低力量，则可以在深蹲、卧推、硬拉、推举等训练主项上维持训练强度（建议强度维持在 80% 以上，8RM 以内），但在训练辅助动作上增加更多的训练容量。

如果是有专项运动需求的减脂者，可以在减脂期间，降低专项运动的对抗性和强度，延长运动的时间，从而增加运动消耗量。

至此，训练计划的内容已经讲解完毕。在此需要指出，本书在计划教学部分存在一些不足之处，希望读者能够理解。

本书中的计划部分都是不考虑"力竭式"的训练的，也不推崇在伙伴的协助下完成训练动作。但如果你对训练动作本身已经非常熟悉，你可以在伙伴的协助下去完成每组力竭的训练——偶尔这么做能够超负荷你的神经。

本书中的计划有不少是个人训练和教学经验的总结，其中有一些有"实验和理论支持"，有一些并未有明确的"实验和理论支持"。因此，不必完全照搬本书中的计划模板、进阶策略，我更希望大家能够从本书中学习到"制订计划的思考方式"，然后不断地调整变量，最终打磨出适合自己的训练计划、训练方法。

本书只有"增肌计划"的章节考虑了"分化"这个训练变量。其他的计划都是没有考虑分化的，比如"初学者计划"章节用的是无分化，"减脂计划"章节用的也是无分化，"力量举的训练模板"章节只有"蹲、推、拉"的分化模型。这是因为我在写作的时候，为了不让本书的内容变得过于复杂和琐碎，就没有撰写"初学者、减脂者的二分化、三分化训练计划"，没有对所有项目的分化方式进行穷举罗列。因此就呈现了本书的计划转学内容。实际上，初学者、增肌者可以从上下肢分化的模式开始训练，并不一定需要从无分化的模式开始进行训练。对于初学者而言，二分化的好处在于单次的训练容量更低，因此训练的疲劳值更低；每个肌群有更长的休息和恢复时间，训练的容错率更高；一次训练专注少量的几个肌肉群，本体感觉更佳，对动作的掌握更快。其训练的实际结果可能还要好于一开始就使用"无分化训练"的健身者。

同样为了简化，让内容不烦琐，减脂部分的力量训练模板并未将"二分化""三分化"加入在内。实际上，"二分化""三分化"的力量训练计划也能用于减脂，只需要增加训练容量即可。

本书中的增肌计划和健力计划都没有考虑到"高组数、低次数、短间歇"这样的训练组合安排，比如"10 组 3 次""15 组 2 次"的训练组合。但实际上，有不少知名的力量举运动员会采用"高组数、低次数、短间歇"进行高强度的力量举训练。

力量举的"增肌周期"的计划，本书没有详细撰写，只是建议读者参考本书第五章的增肌计划。其实力量举的增肌周期计划和健美训练者或者单纯的增肌者的计划还是有所不同，力量举训练者的"增肌"是为了提高三大项的成绩服务的，因此在训练安排上，会更多围绕提高"三大项的主动肌和拮抗肌"去提高。本书由于篇幅和结构所限，没有涉及这一部分内容。但我相信，在认真阅读本书之后，读者能够举一反三，慢慢摸索出适合自己的力量举"增肌周期"的计划。

第八章

量化营养摄入

在人类的饮食之中，碳水化合物、蛋白质和脂肪是提供能量的三大宏量营养素。

碳水化合物能为我们提供直接的能量来源，它在生活中的来源主要是米饭、蔬菜、水果、饮料、甜点、糖类等物质。碳水化合物还有"节约蛋白质"的作用——只要我们身体中的糖原充足，蛋白质就不会成为运动氧化的主要代谢燃料。

蛋白质是组成人体细胞、组织最重要的成分，缺乏蛋白质会让我们难以维持肌肉、丧失运动能力。蛋白质的在生活中的来源主要是肉类、蛋类、奶类、豆类等。

脂肪则来源于植物脂肪（植物油）、动物脂肪（动物油），日常生活中的糕点类食品、膨化食品中含有大量的脂肪。

每1克碳水化合物、蛋白质和脂肪大致可以带来 4 千卡、4 千卡和 9 千卡的热量。有健身运动习惯的人，通常建议碳水化合物食物占每日总热量摄入的 40%~60%，蛋白质食物占总热量摄入的 15%~30%，脂肪摄入占总热量摄入的 20%~30%。这是一个蛋白质摄入量中等偏高，碳水、脂肪比例相对温和，适合运动人群的营养素比例。

在实际操作中，我们需要根据多次计算来确定适合我们的营养素摄入区间。

第一节

确定自己要吃多少

如果我们希望了解自己一天到底应该吃多少，我们就需要做到四步：

第一步，确定基础代谢率。

第二步，确定每日代谢的热量。

第三步，计算每日应当摄入的热量。

第四步，确定应当摄入的营养素数量。

第一步：确定基础代谢率

每日代谢热量由四个部分组成：基础代谢率 + 非运动性热量消耗 + 运动性热量消耗 + 食物热效应。

计算每日代谢热量公式有很多，我们必须先估算出自己的基础代谢率，再根据活动量多少自行调整。以下给出四个方法供大家选择：

第一个方法 Mifflin-St.Jeor 公式 [1]：

男性每日基础代谢率 = 10 × 体重 + 6.25 × 身高 − 5 × 年龄 + 5

女性每日基础代谢率 = 10 × 体重 + 6.25 × 身高 − 5 × 年龄 − 161

注：这个公式较为常见，它考虑了年龄、身高、体重、性别这四个变量。但它没有考虑测试者的健身训练水平。

第二个方法 Katch-McArdle 公式（男女共用）[2]：

去脂体重 = 体重 −（体脂率 % × 体重）

每日基础代谢率 = 21.6 × 去脂体重 + 370

注：这个公式适合有一定训练经验、知道自己体脂率的人，尤其是肌肉量较大的训练者，但它没有考虑性别、年龄等与代谢率密切相关的其他因素。

第三个方法 Harris-Benedict 公式 [3]：

男性每日基础代谢率 =66.47 + 13.75 × 体重 + 5 × 身高 − 6.76 × 年龄

女性每日基础代谢率 =655.1 + 9.56 × 体重 + 1.85 × 身高 − 4.68 × 年龄

注：该公式考虑了身高、体重、年龄、性别这四个变量，其预测值可能会比实际基础代谢率高 15%。

第四个方法来自世界健康组织[4]：

性别	年龄段（岁）	基础代谢率（千卡/天）
男	0~3	（60.9×体重）– 54
	3~10	（22.7×体重）+ 495
	10~18	（17.5×体重）+ 651
	18~30	（15.3×体重）+ 679
	30~60	（11.6×体重）+ 879
	>60	（13.5×体重）+ 487
女	0~3	（61.0×体重）– 51
	3~10	（22.5×体重）+ 499
	10~18	（12.2×体重）+ 746
	18~30	（14.7×体重）+ 496
	30~60	（8.7×体重）+ 829
	>60	（10.5×体重）+ 596

以上的公式大家可以都自测一下，最终选择适合自己的数值作为基础代谢率。

第二步，确定每日代谢热量

在算得基础代谢率后，再计算每日代谢热量：

每日代谢热量 = 每日基础代谢率 × 日常活动水平，活动水平系数如下：

1.2（久坐且不运动）

1.375（久坐，少量运动；或不运动但职业要求少量运动的人群。如护士、教师等）

1.55（久坐但规律训练，适合大部分训练者）

1.725（动得多，练得多）

1.9（从事体力劳动且训练消耗大）

需要说明的是，基础代谢率的个体差异极大，受基因、肌肉量、节食历史等因素影响，因此以上系数只做参考。在下文的例子中，将教给大家如何按个人反馈情况自行调整。

第三步：确定每日应当摄入的热量

每日应当摄入的热量取决于三个因素：

1. **每日代谢热量**。每日代谢热量在上一步中已经计算出来。

2. **个人的体重目标**。个人的体重目标需要看健身者的目的是"减脂"还是"增肌"，还是"维持"。减脂就要使支出大于摄入，保证热量赤字；增肌相反，需要摄入大于支出，保证热量盈余；维持阶段则是摄入量与消耗量大致相等。

3. **达成目标的速度**。如果想快速减脂，可摄入比每日代谢热量少500千卡的食物，该情况下，健身者的减脂速度约为 0.9 公斤 / 周，但不利于肌肉和力量的保留；如果想缓慢减脂，可摄入比每日代谢热量少 250 千卡的食物，该情况下，健身者的减脂速度约为 0.45 公斤 / 周，有利于肌肉和力量的保留。

与减脂相比，增肌没有明确的热量盈余区间，个体的增肌快慢也因人而异（与年龄、训练年限、性别、训练量、恢复速度、训练方法、用药与否等有关），所以增肌期的热量盈余量应以"体重变化"为准：先选取一个目标增肌速度，然后选择一个大致对应的热量盈余（比如想快速增肌，以周为单位测量成果，可以每日摄入 500 千卡左右的热量盈余；想慢速增肌，尽量减少体脂上升，以月为单位测量成果，可以每日摄入 200~300 千卡热量盈余），持续两周后监测体重变化，根据此变化再更改摄入的热量。

除了减脂与增肌，训练者还可以摄入热量平衡，即热量摄入与支出大致相等（不需要每天都相等，每天可以有约 300 千卡的上下浮动，只要一周内保持相等即可），这就是进入了"维持阶段"。"维持阶段"适合在增肌减脂后进行，对专项运动爱好者、普通健身者等都有很多益处。

第四步：确定应该摄入的营养素数量

不同人群建议摄入的碳水化合物、蛋白质、脂肪的营养素摄入比例有所不同。

正在阅读本书的各位，可以将营养素的热量占比作为参考指标，但不是唯一指标。

因为不同的运动机构、不同的营养学教材、不同项目的专业教练给出的"碳水化合物、蛋白质、脂肪"的每日热量比例都有很大的不同。

比如：中国营养协会建议碳水化合物、蛋白质、脂肪占每日热量摄入的50%~65%，10%~15%，20%~30%[5]。

流行健身饮食"区域饮食"（Zone Diet）建议碳水化合物、蛋白质、脂肪占每日热量摄入的 40%、30% 和 30%。

因此，营养素的热量占比只建议作为该吃多少营养素的参考指标。

在确定营养素摄入量的过程中，更建议通过你的运动量、运动强度和体重来确定你应当吃多少。

你应该每天吃多少碳水化合物？

比如一个普通成年人每日应当摄入 150~250 克的碳水化合物；大多数运动员每日摄入碳水化合物的数量为 300~400 克；如果是精英运动员，每日碳水化合物的摄入量可能会高达 500~700 克。如果是减脂者，每日的碳水化合物的摄入量则建议降低，但碳水化合物过低也产生"容易疲劳""酮症""身体开始利用蛋白质供能，从而导致肌肉分解速度加快"的现象。

碳水化合物（克 / 公斤体重）	持续的运动水平
1	减肥计划执行中，适用于很少的增氧练习
2	睡觉、看电视、久坐
3（多数成年人的摄入量）	日常家务事
4~5	热爱运动的人最佳摄入量 散步、温和运动、修养运动、健身练习（3~5 小时 / 周）
5~7	体育爱好者：足球、橄榄球、篮球、塑身、举重 中等运动强度（6~10 小时 / 周）
7~9	专业运动 耐力运动、马拉松 训练时间每周 10 小时以上
10+	全职运动员 超强耐力训练，铁人三项 奥林匹克运动员 训练时间每周 15 小时以上

此表格为人们在不同运动水平持续训练下每日所需摄入的碳水化合物数量[6]。（来源于《运动营养金标准》。）

你应该吃多少蛋白质？

"健身者每天到底要吃多少蛋白质？"是一个颇具有争议性的话题。

对于运动人群而言，大多数运动营养学教材和专业机构都推荐，蛋白质的每日摄入量在 1.5~2.0 克 / 公斤体重。中低强度项目的运动者建议取其下限（体重为 80 公斤的运动员，每日摄入 120~140 克蛋白质即可），高强度的训练者建议取其上限（体重为 80 公斤的运动员每日摄入 140~160 克即可）[7]。

很少有专业的营养学书籍会建议每日蛋白质摄入超过 2.2 克 / 公斤体重。但实际生活中有很多力量训练者和运动员的蛋白质摄入量都会远高于建议量，这么做并不能促进增肌。

你应该吃多少脂肪？

中国营养协会建议脂肪摄入量占每日摄入总热量的 20%~30%。

美国和加拿大的医学膳食研究所（IOM）推荐脂肪摄入量占每日摄入总热量的20%~35%。

美国国家体能协会（NSCA）建议运动员脂肪摄入量为30%，并且认为20%~40%的脂肪摄入量对力量训练不会有负面影响。

因此20%~30%的脂肪摄入量对于健身者来说较为合适。

当我们确定了自己的热量消耗，确定了自己每天营养素的热量摄入区间、每天营养素的物质摄入区间，我们就可以计算出自己应当吃多少了。

简单来说，我们可以通过以下的步骤最终确认三大营养素每日的摄入量：

（1）根据运动量计算碳水化合物的摄入量

（2）根据运动强度计算蛋白质的摄入量

（3）根据热量占比计算脂肪的摄入量

（4）将三大宏量营养素的摄入热量相加，他们的和应当最终等同于第三步中"应当摄入的热量"

以下举几个例子。大家可以跟着一起计算一遍，这样会对自己每天吃多少有更加深刻的认知。

案例 1

小明，男，年龄30岁，体重70公斤，身高175厘米，是一名健身经验非常丰富、训练量非常大的都市白领，他每周训练8~10小时，他想要慢速增肌，在增加肌肉的同时不增加过多的脂肪，在半年内将体重增加至75公斤。以下为小明每日热量和营养素的计算步骤。

第一步：根据四个"基础代谢率"公式，计算得出小明的每日静息代谢为1649~1750千卡。

第二步：由于小明健身经验丰富，训练量很大，因此将他的基础代谢率乘以1.6，可以大概评估他的每日代谢消耗量大概在2638~2800千卡之间。

第三步：由于小明想要慢速增肌，即每日需摄入2838~3000千卡热量。

第四步：根据小明的训练状态，我建议小明每日摄入碳水化合物4~6克/公斤体重、蛋白质1.6~2.0克/公斤体重，剩余为脂肪摄入。

计算可得，小明每日需要吃 280~420 克的碳水化合物，112~140 克的蛋白质。计算热量可得碳水热量摄入区间在 1120~1680 千卡之间，蛋白质热量摄入在 448~560 千卡之间。

此时脂肪的摄入还没有分配，由于运动人群被建议每日脂肪的摄入量为 20%~30%，所以计算可得小明每日应当摄入 568~900 千卡脂肪，脂肪摄入量约为 63~100 克。

结合热量计算，最终发现 380~420 克的碳水化合物、120~140 克的蛋白质、72~92 克的脂肪的摄入量对小明来说是一个相对合适的比例。在实操过程中，小明只需要将自己的热量摄入控制在 2838~3000 千卡即可。小明可以选择 400 克碳水化合物、140 克蛋白质、75 克脂肪。也可以选择其他的营养素搭配组合，比如 380 克碳水化合物、130 克蛋白质、90 克脂肪。

案例 2

小红，女，年龄 20 岁，体重 60 公斤，身高 160 厘米，是一名没有运动习惯的大学生，她希望能够在少量运动 + 饮食控制的情况下慢速减脂，在 2~3 个月内将体重降低至 55 公斤。以下为小红每日热量和营养素的计算步骤。

第一步：根据四个"基础代谢率"公式算出来小红的每日基础代谢率大约在 1339~1432 千卡。

第二步：由于小红没有运动习惯，日常久坐，在减脂初期少量运动，则应将其基础代谢率乘以 1.35 倍的运动系数，得出其每日热量消耗在 1808~1933 千卡之间。

第三步：由于小红需要缓慢减脂，因此将其热量赤字保持在 200~250 千卡较为合适。所以小红的每日摄入量应为 1558~1733 千卡（有运动情况）。

第四步：根据小红的状态，我建议小红每日摄入碳水化合物 2~3 克 / 公斤体重、蛋白质 1.5~1.6 克 / 公斤体重，剩余为脂肪摄入。

计算可得，小红每日需要吃 120~180 克的碳水化合物，90~96 克的蛋白质。计算热量可得碳水热量摄入为 480~720 千卡，蛋白质热量摄入在 360~384 千卡之间。

此时脂肪的摄入还没有分配，由于运动人群被建议每日脂肪摄入量为 20%~30%，所以计算可得小红每日可以摄入 312~520 千卡脂肪，脂肪摄入量约为 35~58 克。

结合热量计算，最终发现 160~180 克的碳水化合物、90~96 克的蛋白质、50~58 克的脂肪的摄入量对小红来说是一个相对合适的比例。只要小红的热量摄入控制在 1558~1733 千卡的范围内即可。

案例3

小强，男，年龄25岁，体重90公斤，身高170厘米，有一定的运动习惯，他希望快速减脂至80公斤，然后在快速减脂后进入2~3个月体重维持的阶段，保证减脂不反弹。根据小强这种情况，我们应当分两个阶段为小强计算热量，第一阶段为小强的"快速减脂期"，第二阶段为"体重维持期"。体重维持期应当基于新的体重来计算热量摄入。

第一步，小强由于体重较大，四个基础代谢率公式计算出来的结果有较大的出入，分别为1838千卡、1730千卡、1984千卡、2056千卡。此时应当考虑的是，如果小强体脂较高，则应当选择较低的计算值，如果小强肌肉量较大，则应当选择较高的计算值。此处我们选择1800千卡作为小强的每日基础代谢率。

第二步，由于小强有运动习惯，是规律的健身者，则应将其基础代谢乘以1.55倍的运动系数，得出其每日消耗热量在2790千卡左右。

第三步，由于小强需要快速减脂，因此将其热量赤字保持在400~500千卡较为合适。所以小强的每日摄入量应为2190~2290千卡。

第四步，根据小强的状态，我建议小强每日摄入碳水化合物2.5~4克/公斤体重、蛋白质1.6~1.8克/公斤体重，剩余为脂肪摄入。

计算可得，小强每日可以吃225~360克的碳水化合物，144~162克的蛋白质。计算热量可得碳水热量摄入为900~1440千卡，蛋白质热量摄入在576~648千卡之间。

此时脂肪的摄入还没有分配，由于运动人群被建议每日脂肪的摄入量为20%~30%，所以计算可得小强每日可以摄入458~717千卡脂肪，脂肪摄入量约为51~80克。

结合热量计算，最终发现240~260克的碳水化合物、145~155克的蛋白质、65~80克的脂肪的摄入量对快速减脂期的小强来说是一个相对合适的比例。

当小强减脂到85公斤时，此时应当重新计算热量和营养素摄入。

小强减脂到80公斤时，此时进入维持期，又应当重新计算热量和营养素摄入。每日的摄入量应当与消耗量基本相等。

在计算营养素摄入量时，应当注意：

（1）运动强度越高，蛋白质摄入量也应当越高，但不建议高于2.2克/公斤体重。

（2）运动量越大，碳水化合物的摄入量也应当越大。低碳水饮食适合运动量较小的人减脂，但不适合高运动量的健身者减脂。

（3）随着体重的改变，健身者的基础代谢率也会发生改变，因此当体重变化较大的时候，就应当重新为自己计算热量和营养素摄入了。通常来说，体重改变超过5公斤，就应当重新计算热量和营养素摄入了。

按照计算得出的数据执行两周后，若结果未达到期望值，可能是健身者执行饮食计划的过程中少计算或者多计算了食物摄入；也可能是有其他特殊情况，比如消化能力较差的健身者，其实际摄入的热量会比计算得出的数据更低，就需适当提高热量摄入。

现在，你也可以开始按照上述的方法为自己计算每日的热量摄入和营养素摄入了。

在这里，写下你的性别、年龄、身高、体重、运动情况。

然后开始计算吧！

第二节

实操建议

一、体重的记录与饮食执行原则

1. **确保体重记录的准确性**。记录体重最好一周三到四次，人的体重波动较大，一周一次的体重测量无法保证准确性，但太过频繁的测量也容易给训练者造成过多心理压力。应取一周三到四次的平均值为准。

2. **在调整计划前，最少坚持两周**。女生在经期时体重波动较大，其他的影响因素诸如压力过大、睡眠不足等都会影响一周内的体重。

3. **从小方面改起，每次只改变一个因素**。遇到瓶颈，不应大刀阔斧从蛋白质摄入、总热量摄入，到训练时间、强度一起改变。把每次的调整看成一项策略，不到必要时不要动用所有的绝招，否则既无法坚持，还会加快身体适应的速度。

二、减脂时，太饿了怎么办?

减脂者常见的问题是吃得少导致"太饿了"。因此减脂者选取食材时，尽量选择增加饱腹感的食材，以减少不必要的脂肪摄入。可以多选纤维素含量高的食物（比如蔬菜）、蛋白质含量稍高而脂肪含量较少的食物（比如瘦红肉、蛋白、白肉、脱脂奶等）。

一些特殊食材如含热量极少的代餐、魔芋、零卡零食、零糖饮料等，可以作为增加饱腹感的手段之一，但不应食用过于频繁，因为这些食物中可能含有大量不可吸收的纤维素与代糖等，过多食用会影响其他营养素吸收，带来胀气等消化问题。

三、增肌时，吃不下怎么办?

增肌时，热量摄入较大，最常出现的问题是"吃不下"，而不是"吃太多"。建议增肌者选择能量密度较大的食物或能使血糖上升速度较快的食物（从而获得更多胰岛素分泌所带来的"合成代谢"的好处）。在吃不下时，可以根据喜好调整进食策略：增加进食次数，引入一些特殊食材。

主食作为增肌时碳水化合物的主要来源，常见的食材中可以选择白米饭、白面包、土豆等食物，而非粗粮。富含蛋白质和脂肪的食物中，可以优先选择优质红肉、白肉、蛋奶、豆制品，以及富含优质脂肪的坚果、牛油果等食物。

特殊食材

吃不下时，可以采取非常手段冲宏量营养素，或冲总热量。但此类方法仅建议那些"实在吃不下"的训练者使用，由于高热量食材往往较难精确计算热量摄入，容易超出标准的热量摄入值，所以非常不建议普通健身者频繁使用。

用途	特点	食材
碳水摄入不够时，可替换主食的食物	纤维素含量低，碳水密度大	年糕、寿司、糯米
碳水摄入不够时，可作为加餐的零食	方便携带，碳水密度大（大部分含糖量高），不会影响正餐，多为水果	板栗、红枣、榴梿等
蛋白质摄入不够时，可作为加餐的零食	方便携带，饱腹感不强，不会影响正餐	芝士、牛奶、豆奶等奶制品，牛肉干等肉制品，蛋白棒等蛋白质零食
总热量摄入不够时，可用来冲总热量的正餐	方便获取，能量密度大，美味，能促进食欲	快餐（比萨、汉堡、炸鸡、油多的中餐），生鱼寿司（含有快速碳水化合物与优质脂肪、蛋白质），牛肉火锅等
总热量摄入不够时，可用来冲总热量的零食	方便获取，饱腹感不强，不会影响正餐，但只适合冲总热量	蛋糕、奶茶、冰激凌、坚果、坚果酱、常见沙拉酱、蛋黄酱、饼干等

训练者要意识到饮食在增肌中的重要性。是否有持续可观的热量盈余对增肌效果几乎是决定性的（尤其对于体重低的人来说），而"吃不下"又是长期增肌中不可避免的问题。这意味着，严肃增肌者可能要通过"并不愉快"的进食来获得持续的增肌效果，就像减脂一样。

"吃不下"时的四大饮食原则：

第一，**总热量第一**。在总热量吃够的情况下，再考虑脂肪含量是否过多。增肌时，许多人不敢吃热量高的食物——吃瘦牛肉不吃牛排，吃煮鸡蛋不吃煎鸡蛋，吃鸡肉不吃鸡皮等。但是，如果对增重幅度不满意、对训练加重不满意，就别克扣那一点点脂肪，先保证总热量。

第二，**尽量减少饱腹感**。碳水化合物中的纤维素、过多的蛋白质、脂肪都可能带来饱腹感，让人吃不下。除此之外，一些可能会抑制食欲的食物还有汽水、咖啡、口香糖等。许多蛋白棒、能量棒中纤维素含量也非常高，吃完容易胀肚，要小心。

第三，**增加进食次数**。职业健美选手或有增肌需要的运动员，很多人都有定闹钟起床吃饭，然后再睡回笼觉的经历——增加进食次数能轻松增加摄入的总热量。况且，它还能促进胰岛素分泌，使身体进入增肌所需的合成代谢状态。这也是为什么我不建议大家一天只吃一两顿，即使这一两顿的热量非常高。若无法做到每日多餐，至少保证每隔三四个小时加餐一些蛋白质和碳水化合物——几个鸡蛋，一个香蕉都可以。

第四，**增加饮食的趣味性**。在烹饪中加入酱料、芝士、牛奶、糖类等物质都可以让热量轻松升高，其中蛋黄酱、奶制品、花生酱等都是很好的补充蛋白质的物质，加糖则是很好的增加碳水化合物摄入的方法。增加饮食的趣味性还能让人更容易坚持下来，增加可持续性。

四、减脂者饮食范例（仅供参考，无须照搬，应根据个人实际情况调整）

	特点	碳水化合物	蛋白质	脂肪	举例
第一顿	经过一夜禁食，应先补充蛋白质和碳水	若非马上训练，减脂时可减少早餐的碳水化合物，或增加纤维素摄入，减少淀粉类摄入	充足	适当	鸡蛋 + 牛奶
有氧前后	禁食对有氧减脂效率改变不大，因此没必要禁食，应根据个人习惯进食。但若是长时间有氧，要注意练后补充蛋白质与适量碳水化合物	依据个人习惯。长时间或大强度训练（如 HIIT 后）应及时补充蛋白质与一些碳水化合物，若意在消耗糖原可以只补充蛋白质			一杯蛋白粉；一个香蕉 + 两个煮鸡蛋

（续）

	特点	碳水化合物	蛋白质	脂肪	举例
训练前	正餐应在训练开始前1~1.5小时内进食结束；加餐应在训练前30分钟内进食结束	加餐应摄入快速碳水化合物，避免过多纤维素	充足	不应摄入太多，否则会减缓消化速度，影响训练	正餐：虾+蔬菜+红薯等；加餐：香蕉+脱脂牛奶
训练中（包括长时间有氧）	如果碳水化合物摄入过少，可在此时进食快速碳水化合物或能量饮料以保证训练质量，当然，以少量为佳	快速碳水化合物或饮料	酌情而定，不宜过多，否则容易造成肠胃不适	尽量避免	一片白面包；一杯葡萄糖饮品
训练后	最好在3小时内进食结束	可在此时进食快速碳水化合物或欺骗餐	充足	适当	丰盛的一顿正餐：牛肉+蔬菜+白饭
休息日	可以在减少碳水化合物摄入的同时适当增加有益脂肪摄入，促进恢复，同时能降低减脂期的饥饿感	可适当减少	充足	可适当增加	多吃三文鱼、牛肉等，少吃主食
睡前	可用进食快速碳水化合物调节压力，提高睡眠质量，但不应吃太多或饮水太多	若因减脂而产生入睡困难，可以在睡前进食快速碳水化合物，这样有利于降低皮质醇水平，减轻身体压力，帮助恢复	充足	可以适量摄入，但不要造成太多的饱腹感，否则难以入睡	一片白面包+坚果酱

五、增肌者饮食范例（仅供参考，无须照搬，应根据个人实际情况调整）

	特点	碳水化合物	蛋白质	脂肪	举例
第一顿	需要更多热量的人可以早点进食第一顿	视个人饮食习惯与碳水化合物要求而定	充足	充足	粥＋包子＋鸡蛋；面包＋牛奶＋鸡蛋
训练前	正餐与加餐时间同减脂期	充足	充足	适当	正餐：牛肉＋蔬菜＋米饭；加餐：香蕉＋牛肉干
训练中	为了确保训练质量，可在训练中进食快速碳水化合物或喝能量饮料；尽量避免脂肪摄入，因其会减慢消化速度	快速碳水化合物或饮品	酌情而定，不宜过多，否则容易造成肠胃不适	尽量避免	两片白面包；一杯葡萄糖饮料
训练后	最好在3小时内进食结束	快速碳水化合物	充足	充足	牛肉＋蔬菜＋米饭＋蛋白饮料
休息日	若想快速增肌或增肌困难，休息日不应减少摄入，可适当增加有益脂肪摄入（思路同减脂期）。若想尽量减少体脂增加，则可减少碳水化合物摄入	可酌情而定	充足	充足，可适当增加	多吃三文鱼、牛肉等，总热量酌情而定
睡前	增肌期一般睡前还可以加餐一顿，根据目标增肌速度而定宏量营养素摄入量，但不应太多，否则会影响睡眠质量	可酌情而定	尽量控制在30克以内，超过40克可能影响睡眠	适当	面包＋坚果酱＋蛋白饮料

附　录

附录1
常见身体活动强度和能量消耗表

活动项目		身体活动强度（MET⊖） <3 低强度；3~6 中强度； 7~9 高强度；10~11 极高强度		能量消耗量 [千卡 /（标准体重·10分钟）]	
				男 （65 千克）	女 （56 千克）
家务活动	整理床、站立	低强度	2.0	22.0	18.7
	洗碗、熨烫衣服	低强度	2.3	25.3	21.5
	收拾餐桌，做饭或准备食物	低强度	2.5	27.5	23.3
	擦窗户	低强度	2.8	30.8	26.1
	手洗衣服	中强度	3.3	36.3	30.8
	扫地、扫院子、拖地板、吸尘	中强度	3.5	38.5	32.7
步行	慢速（3 千米 / 时）	低强度	2.5	27.5	23.3
	中速（5 千米 / 时）	中强度	3.5	38.5	32.7
	快速（5.5~6 千米 / 时）	中强度	4.0	44.0	37.3
	很快（7 千米 / 时）	中强度	4.5	49.5	42.0
	下楼	中强度	3.0	33.0	28.0
	上下楼	中强度	4.5	49.5	42.0
	上楼	高强度	8.0	88.0	74.7
跑步	走跑结合（慢跑成分不超过 10 分钟）	中强度	6.0	66.0	56.0
	慢跑，一般	高强度	7.0	77.0	65.3
	8 千米 / 时，原地	高强度	8.0	88.0	74.7
	9 千米 / 时	极高强度	10.0	110.0	93.3
	跑，上楼	极高强度	15.5	165.0	140.0

注：该表格内容来源于人民卫生出版社出版，中国营养学会编著的《中国居民膳食指南（2016）》一书。

⊖ MET。1MET 相当于每千克体重每小时消耗 1 千卡能量 [1 千克 /（千克·时）]。

（续）

活动项目		身体活动强度（MET） <3 低强度；3~6 中强度； 7~9 高强度；10~11 极高强度		能量消耗量 [千卡 /（标准体重·10 分钟）]	
				男 （65 千克）	女 （56 千克）
自行车	12~16 千米 / 时	中强度	4.0	44.0	37.3
	16~19 千米 / 时	中强度	6.0	66.0	56.0
球类	台球	低强度	2.5	27.5	23.3
	保龄球	中强度	3.0	33.0	28.0
	排球，一般	中强度	3.0	33.0	28.0
	排球，比赛	中强度	4.0	44.0	37.3
	乒乓球	中强度	4.0	44.0	37.3
	高尔夫球	中强度	5.0	55.0	47.0
	篮球，一般	中强度	6.0	66.0	56.0
	篮球，比赛	高强度	7.0	77.0	65.3
	网球，一般	中强度	5.0	55.0	46.7
	网球，双打	中强度	6.0	66.0	56.0
	网球，单打	高强度	8.0	88.0	74.7
	羽毛球，一般	中强度	4.5	49.5	42.0
	羽毛球，比赛	高强度	7.0	77.0	65.3
	足球，一般	高强度	7.0	77.0	65.3
	足球，比赛	极高强度	10.0	110.0	93.3
跳绳	慢速	高强度	8.0	88.0	74.7
	中速，一般	极高强度	10.0	110.0	93.3
	快速	极高强度	12.0	132.0	112.0
舞蹈	慢速	中强度	3.0	33.0	28.0
	中速	中强度	4.5	49.5	42.0
	快速	中强度	5.5	60.5	51.3
游泳	踩水，中等用力，一般	中强度	4.0	44.0	37.3
	爬泳（慢），自由泳，仰泳	高强度	8.0	88.0	74.7
	蛙泳，一般速度	极高强度	10.0	110.0	93.3
	爬泳（快），蝶泳	极高强度	11.0	121.0	102.7
其他活动	太极拳	中强度	3.5	38.5	32.7
	瑜伽	中强度	4.0	44.0	37.3
	俯卧撑	中强度	4.5	49.5	42.0
	单杠	中强度	5.0	55.0	46.7
	健身操（轻或中等强度）	中强度	5.0	55.0	46.7
	轮滑旱冰	高强度	7.0	77.0	65.3

附录 2
中国常见食物营养成分表

注意事项：

1. 该表中，总碳水化合物 =100−（水分 + 蛋白质 + 脂肪 + 灰分[⊖]），总碳水化合物中包括了膳食纤维的含量。

2. 由于有少量灰分的存在，所有该表中所有营养素相加的总和并不是 100g。这并不不影响该表的实用性。

蔬菜类及制品	能量（千卡）	水分（克）	碳水化合物（克）	蛋白质（克）	脂肪（克）	不溶性膳食纤维（克）
白萝卜	16	94.6	4.0	0.7	0.1	—
红萝卜（卞萝卜）	22	93.8	4.6	1.0	0.1	0.8
甜菜根（甜菜头）	87	74.8	23.5	1.0	0.1	5.9
茄子	23	93.4	4.9	1.1	0.2	1.3
番茄（西红柿）	15	95.2	3.3	0.9	0.2	—
黄豆芽	47	88.8	4.5	4.5	1.6	1.5
绿豆芽	16	95.3	2.6	1.7	0.1	1.2
辣椒（红，尖，干）	295	14.6	52.7	15	12	41.7
秋葵（黄秋葵,羊角豆）	25	91.2	6.2	1.8	0.2	1.8
苦瓜	22	93.4	4.9	1.0	0.1	1.4
南瓜	23	93.5	5.3	0.7	0.1	0.8
冬瓜	10	96.9	2.4	0.3	0.2	—

注：该表格内容来源于北京大学医学出版社出版，中国疾病预防控制中心营养与健康所编著的《中国食物成分表标准版（第 6 版／第一册）》。

⊖ 灰分。食品中的灰分是指商品经高温灼烧后残留下来的无机物。

（续）

蔬菜类及制品	能量（千卡）	水分（克）	碳水化合物（克）	蛋白质（克）	脂肪（克）	不溶性膳食纤维（克）
葫芦	16	95.3	3.5	0.7	0.1	0.8
丝瓜	20	94.1	4.0	1.3	0.2	—
大蒜（白皮，鲜，蒜头）	128	66.6	27.6	4.5	0.2	1.1
洋葱（鲜，葱头）	40	89.2	9.0	1.1	0.2	0.9
韭菜	25	92.0	4.5	2.4	0.4	—
大白菜	20	94.4	3.4	1.6	0.2	0.9
白菜（脱水）	305	10.0	72.9	6.2	0.8	9.4
油菜（黑）	19	94.1	2.9	1.8	0.2	8.6
娃娃菜	13	95.0	2.4	1.9	0.2	—
羽衣甘蓝	69	87.2	5.7	5.0	0.4	3.2
西兰花	27	91.6	3.7	3.5	0.6	—
菠菜（鲜）	28	91.2	4.5	2.6	0.3	1.7
盖菜	13	94.8	2.8	1.5	0.2	—
西芹	17	93.6	4.8	0.6	0.1	2.2
生菜	12	96.7	1.1	1.6	0.4	—
油麦菜	12	95.9	2.1	1.1	0.4	—
竹笋（鲜）	23	92.8	3.6	2.6	0.2	1.8
百合（鲜）	166	56.7	38.8	3.2	0.1	1.7
穿心莲	17	95.1	2.5	1.7	—	—
红薯叶	27	90.8	5.1	3.1	—	2.8
藕（莲藕）	47	86.4	11.5	1.2	0.2	2.2
山药	57	84.8	12.4	1.9	0.2	0.8
葛（鲜，葛薯）	150	60.1	36.1	2.2	0.2	2.4
荸荠（鲜，马蹄莲）	61	83.6	14.2	1.2	0.2	1.1
芋头（洋芋）	56	85.0	12.7	1.3	0.2	1.0
姜（鲜，黄姜）	46	87.0	10.3	1.3	0.6	2.7

谷类食物	能量（千卡）	水分（克）	碳水化合物（克）	蛋白质（克）	脂肪（克）	不溶性膳食纤维（克）
小麦	338	10.0	75.2	11.9	1.3	10.8
面条（标准粉，切面）	283	29.7	59.5	8.5	1.6	1.5
馒头（标准粉）	236	40.5	49.8	7.8	1.0	1.5
油条	388	21.8	51.0	6.9	17.6	0.9
稻米	346	13.3	77.2	7.9	0.9	0.6
糯米	350	12.6	78.3	7.3	1.0	0.8
米粉	349	12.7	85.8	0.4	0.8	—

（续）

谷类食物	能量（千卡）	水分（克）	碳水化合物（克）	蛋白质（克）	脂肪（克）	不溶性膳食纤维（克）
玉米（鲜）	112	71.3	22.8	4.0	1.2	2.9
小米	361	11.6	75.1	9.0	3.1	1.6
薏米	361	11.2	71.1	12.8	3.3	2.0

干豆类及制品	能量（千卡）	水分（克）	碳水化合物（克）	蛋白质（克）	脂肪（克）	不溶性膳食纤维（克）
黄豆（大豆）	390	10.2	34.2	35.0	16.0	15.5
豆腐（代表值）	84	83.8	3.4	6.6	5.3	—
豆浆	31	93.8	1.2	3.0	1.6	—
豆浆（甜）	34	91.8	4.9	2.4	0.5	0.1
腐竹	461	7.9	22.3	44.6	21.7	1.0
绿豆（干）	329	12.3	62.0	21.6	0.8	6.4
绿豆饼	122	69.7	12.7	15.2	1.2	—
蚕豆（带皮）	326	11.5	59.9	24.6	1.1	10.9
蚕豆（去皮）	347	11.3	58.9	25.4	1.6	2.5
扁豆（干）	339	9.9	61.9	25.3	0.4	6.5
豌豆（干）	334	10.4	65.8	20.3	1.1	10.4

菌藻类及制品	能量（千卡）	水分（克）	碳水化合物（克）	蛋白质（克）	脂肪（克）	不溶性膳食纤维（克）
冬菇（干）	277	13.4	64.6	17.8	1.3	32.3
猴头菇（罐装）	21	92.3	4.9	2.0	0.2	4.2
金针菇（鲜）	32	90.2	6.0	2.4	0.4	2.7
木耳（干，黑木耳）	265	15.5	65.6	12.1	1.5	29.9
香菇（鲜）	26	91.7	5.2	2.2	0.3	3.3
蘑菇（鲜蘑）	24	94.2	4.1	2.7	0.1	2.1
银耳（干，白木耳）	261	14.6	67.3	10.0	1.4	30.4
草菇	18	94.6	3.1	1.1	0.4	—
鸡腿菇（干）	294	10.8	51.8	26.7	2.0	—
茶树菇	309	12.2	56.1	23.1	2.6	—
杏鲍菇	35	89.6	8.3	1.3	0.1	2.1
海带（鲜）	13	94.4	2.1	1.2	0.1	0.5
紫菜（干）	250	12.7	44.1	26.7	1.1	21.6

水果类及制品	能量 （千卡）	水分 （克）	碳水化合物 （克）	蛋白质 （克）	脂肪 （克）	不溶性膳食 纤维（克）
苹果（代表值）	53	86.1	13.7	0.4	0.2	1.7
梨（代表值）	51	85.9	13.1	0.3	0.1	2.6
桃（代表值）	42	88.9	10.1	0.6	0.1	1.0
枣（鲜）	125	67.4	30.5	1.1	0.3	1.9
枣（干）	276	26.9	67.8	3.2	0.5	6.2
樱桃	46	88.0	10.2	1.1	0.2	0.3
葡萄（代表值）	45	88.5	10.3	0.4	0.3	1.0
葡萄干	344	11.6	83.4	2.5	0.4	1.6
石榴（代表值）	72	79.2	18.5	1.3	0.2	4.9
柿饼	255	33.8	62.8	1.8	0.2	2.6
桑葚（代表值）	57	82.8	13.8	1.7	0.4	4.1
沙棘	120	71.0	25.5	0.9	1.8	0.8
无花果	65	81.3	16.0	1.5	0.1	3.0
橙	48	87.4	11.1	0.8	0.2	0.6
福橘	46	88.1	10.3	1.0	0.2	0.4
芭蕉（甘蕉、板蕉）	115	68.9	28.9	1.2	0.1	3.1
菠萝（凤梨）	44	88.4	10.8	0.5	0.1	1.3
番石榴	53	83.9	14.2	1.1	0.4	5.9
桂圆	71	81.4	16.6	1.2	0.1	0.4
荔枝	71	81.9	16.6	0.9	0.2	0.5
芒果	35	90.6	8.3	0.6	0.2	1.3
椰子	241	51.8	31.3	4.0	12.1	4.7
橄榄	57	83.1	15.1	0.8	0.2	4.0
火龙果	55	84.8	13.3	1.1	0.2	1.6
榴莲	150	64.5	28.3	2.6	3.3	1.7
木瓜（番木瓜）	30	91.7	7.2	0.6	Tr	0.5
山竹	72	81.2	18.0	0.4	0.2	0.4
香蕉（红皮）	86	77.1	20.8	1.1	0.2	—
甜瓜（香瓜）	26	92.9	6.2	0.4	0.1	0.4
西瓜（代表值）	31	92.3	6.8	0.5	0.3	0.2

坚果类及制品	能量 （千卡）	水分 （克）	碳水化合物 （克）	蛋白质 （克）	脂肪 （克）	不溶性膳食 纤维（克）
菠萝蜜	164	57.0	36.7	4.9	0.3	2.3
核桃（鲜，带壳）	336	49.8	6.1	12.8	29.9	4.3
板栗（鲜，带壳）	188	52.0	42.2	4.2	0.7	1.7
松子（生，带壳）	665	3.0	19.0	12.6	62.6	12.4

（续）

坚果类及制品	能量（千卡）	水分（克）	碳水化合物（克）	蛋白质（克）	脂肪（克）	不溶性膳食纤维（克）
松子仁	718	0.8	12.2	13.4	70.6	10.0
杏仁	578	5.6	23.9	22.5	45.4	8.0
杏仁（过油炸干）	631	2.8	17.7	21.2	55.2	10.5
榛子	561	7.4	24.3	20.0	44.8	9.6
腰果（熟）	615	2.1	20.4	24.0	50.9	10.4
开心果（熟）	631	0.8	21.9	20.6	53.0	8.2
花生（鲜）	313	48.3	13.0	12.0	25.4	7.7
花生仁（生）	574	6.9	21.72	24.8	44.3	21.7
花生仁（炒）	589	1.8	25.7	23.9	44.4	4.3
葵花子仁	615	7.8	16.7	19.1	53.4	4.5
莲子（干）	350	9.0	67.2	17.2	2.0	3.0

油脂类及制品	能量（千卡）	水分（克）	碳水化合物（克）	蛋白质（克）	脂肪（克）	不溶性膳食纤维（克）
菜籽油	899	0.1	0	Tr	99.9	—
茶油	899	0.1	0	Tr	99.9	—
豆油	899	0.1	0	Tr	99.9	—
红花油	899	Tr	0	Tr	99.9	—
花生油	899	0.1	0	Tr	99.9	—
椰子油	899	Tr	0	Tr	99.9	—
辣椒油	900	Tr	0	—	99.9	—
玉米油	895	0.2	0.5	Tr	99.8	—
芝麻油	898	0.1	0.2	Tr	99.7	—
橄榄油	899	Tr	0	Tr	99.9	—
葵花籽油	899	0.1	0	Tr	99.9	—

参考文献

第一章

[1] 中华人民共和国国家统计局 . 中国统计年鉴（2018 年）[A/OL]. http://www.stats.gov.
cn/tjsj/ndsj/.

[2] 周旭英，梁业森 . 中国肉类市场分析研究 [J]. 当代畜牧，1998（1）：10-14.

第五章

[1] 闫小英 . 促进肌肉增长的多重任务 [J]. 科学健身，2008(10).

[2] 增原光彦，黄海，胡健 . 运动使肌肉增强与不运动使肌肉萎缩的生理机制 [J]. 西安
体育学院学报，1990(03).

[3] 魏宽海，裴国献，史宇恒，等 . 骨骼肌卫星细胞的培养鉴定及生物学特性 [J]. 中国
危重病急救医学，2002(02).

[4] 廖翊宏，陈宗兴，林信甫，等 . 急性阻力运动促进肌肉蛋白质合成之生理与分子机
制之探讨 [J]. 运动生理暨体能学报，2010(09).

[5] BIOLO G，MAGGI S P，WILLIAMS B D，et al. Increased rates of muscle protein
turnover and amino acid transport after resistance exercise in humans [J]. American
Journal of Physiology-Endocrinology and Metabolism，1995(03).

[6] 刘勇 . 肌肉训练的生理学分析 [J]. 阜阳师范学院学报：自然科学版，2001(01).

[7] 胡锋 . 肌肉收缩与分子马达间的协作行为 [D]. 华中师范大学，2002.

[8] GRAY HENRY. Gray's Anatomy: The Classic Collector's Edition[M]. New York：

Bounty Books，1977.

[9] SCHOENFELD B J，OGBORN D，KRIEGER J W. Dose-response relationship between weekly resistance training volume and increases in muscle mass: A systematic review and meta-analysis [J]. Journal of Sports Sciences，2016.

[10] HACKETT D A，AMIRTHALINGAM T，MITCHELL L，et al. Effects of a Modified German Volume Training Program on Muscular Hypertrophy and Strength [J]. Journal of Strength and Conditioning Research，2017.

[11] MANGINE G T，HOFFMAN J R，GONZALEZ A M.The effect of training volume and intensity on improvements in muscular strength and size in resistance-trained men [J]. Physiological Reports，2015.

[12] FRANCAUX M，DEMEULDER B，NASLAIN D，et al. Aging Reduces the Activation of the mTORC1 Pathway after Resistance Exercise and Protein Intake in Human Skeletal Muscle: Potential Role of REDD1 and Impaired Anabolic Sensitivity [J]. Nutrients，2016，8(1): 47.

[13] KOSEK D J，KIM J S，PETRELLA J K，et al. Efficacy of 3 days/wk resistance training on myofiber hypertrophy and myogenic mechanisms in young vs. older adults [J]. Journal of applied physiology，2006.

[14] HOFFMAN J R，ARROYO E，VARANOSKE A N，et al. Comparisons in the Recovery Response From Resistance Exercise Between Young and Middle-Aged Men [J]. Journal of Strength and Conditioning Research，2017.

[15] ESMARCK B，ANDERSEN J L，OLSEN S，et al. Timing of postexercise protein intake is important for muscle hypertrophy with resistance training in elderly humans [J]. The Journal of physiology，2001.

[16] MÄESTU J，ELIAKIM A，VALTER I，et al. Anabolic and catabolic hormones and energy balance of the male bodybuilders during the preparation for the competition [J]. Journal of strength and conditioning research，2010.

[17] MUJIKA I. Case Study: Long-Term Low Carbohydrate，High-Fat Diet Impairs Performance and Subjective Well-Being in a World-Class Vegetarian Long-Distance Triathlete [J]. International journal of sport nutrition and exercise metabolism，2018.

[18] DATTILO M，ANTUNES H K M，MEDEIROSET A，et al. Sleep and muscle recovery: endocrinological and molecular basis for a new and promising hypothesis [J].

Medical Hypotheses，2011.

[19] BONNAR D，BARTEL K，CHRISTIN L，et al. Sleep Interventions Designed to Improve Athletic Performance and Recovery: A Systematic Review of Current Approaches [J]. Sports Medicine，2018.

[20] BARTHOLOMEW J B，ELROD C C，TODD J S，et al. Strength gains after resistance training: the effect of stressful，negative life events [J]. Journal of Strength and Conditioning Research，2008.

[21] STULTS-KOLEHMAINEN M A，BARTHOLOMEW J B，SINHA R. Chronic Psychological Stress Impairs Recovery of Muscular Function and Somatic Sensations Over a 96-Hour Period [J]. Journal of Strength and Conditioning Research，2014.

[22] BRETLAND R J，THORSTEINSSON E B. Reducing workplace burnout: the relative benefits of cardiovascular and resistance exercise [J]. Peer J，2015.

[23] HAIZLIP K M，HARRISON B C，LEINWAND L A. Sex-Based Differences in Skeletal Muscle Kinetics and Fiber-Type Composition [J]. Physiology，2014.

[24] HUNTER S K. Sex differences in human fatigability: mechanisms and insight to physiological responses [J]. Acta Physiologica，2014.

[25] HÄKKINEN K. Neuromuscular fatigue and recovery in male and female athletes during heavy resistance exercise [J]. Int J Sports Med，1993.

[26] HÄKKINEN K. Neuromuscular fatigue in males and females during strenuous heavy resistance loading [J]. Electromyography and clinical neurophysiology，1994.

[27] KENT-BRAUN J，DITOR D S. Sex Differences in Human Skeletal Muscle Fatigue [J]. Exercise and Sport Sciences Reviews，2001.

第七章

[1] 许豪文 . 运动和脂肪代谢 [J]. 科学报告会论文汇编，1994.

[2] XU YU-E. Fat Metabolism and Lose Weight [J]. Fujian Sports Science and Technology；2003-04.

[3] 张钧，郭勇力 . 耐力训练对正常人和肥胖人脂肪代谢的影响 [J]. 山东体育学院学报，1994（3）.

[4] 傅力 . 运动与脂代谢的研究进展 [J]. 中国运动医学杂志，1997（1）.

[5] 立铎 . 脂肪酸和脂质与人体健康 [J]. 国际学术动态，2007（5）.

[6] 邵开江 . 脂肪—人体健康的卫士 [J]. 养生月刊，2004（1）.

[7] 张伟 . 体育活动对人体脂肪代谢的影响 [J]. 设计艺术研究，1996（2）.

[8] 郝东升，吴志宏，邱贵兴 . 脂肪与骨代谢 [J]. 中国骨与关节外科，2009（2）.

[9] 孙步琼 . 关于脂肪代谢及其生化地位 [J]. 医学与哲学：临床决策论坛版 . 2014(6).

[10] 李继尧 . 人体的能量代谢 [J]. 生物学通报，1995（2）.

[11] 徐冲，徐国恒 . 脂肪组织甘油三酯水解酶参与脂肪分解调控 [J]. 生物科学进展，
2008（1）.

[12] 王秋灵 . L- 肉碱对耐力训练小鼠力竭运动后氧化应激和能量代谢相关酶的影响 [J].
华东师范大学，2006（3）.

[13] 吴菊花，鞠丽丽 . 脂肪分解代谢与运动训练 [J]. 中国体育教练员，2015（3）.

[14] 陈小平、褚云芳 . 田径运动训练经典理论与方法的演变与发展 [J]. 体育科学，
2013，33（4）：91-97.

[15] ASTRAND I, ASTRAND P O, CHRISTENSEN E H, et al. Myohemoglobin as an oxygen-store in man [J]. ActaPhysiolScand, 1960, 48（3-4）:448-460.

[16] 吴叶海 . 间歇训练法运用于中长跑训练中重复次数与组数指标的实验研究 [J]. 浙江
体育科学，2004，26（4）：18-24.

[17] 洪卫星，张兆才 . 从生理生化角度对间歇训练方法的探讨 [J]. 安徽体育科技，
2003，24（3）：57-58.

[18] 王红雨，严发萍，张林 . 强化间歇训练和中等强度持续训练对肥胖大学生体质量
指数、血压和心肺机能的影响 [J]. 中国应用生理学杂志，2017（1）.

[19] 卢日初，刘星玉，许育铭 . 高强度间歇训练法在羽毛球训练中的应用研究 [J]. 体育
师友，2017，40(3）.

[20] 崔性赫，郭可雷，吴阳 . 论重复训练法、间歇训练法和持续训练法的不足与完善 [J].
四川体育科学，2015(8）.

第八章

[1] Mifflin M D, St Jeor S T, Hill L A, et al. A new predictive equation for resting energy expenditure in healthy individuals [J]. The American Journal of Clinical Nutrition, 1990（51）:241-247.

[2] Katch F I, McArdle W D. Validity of body composition prediction equations for college men and women [J]. American Journal of Clinical Nutrition, 1975.

[3] Harris J A, Benedict F G. A biometric study of basal metabolism in man [J]. Carnegie Institution of Washington, 1919.

[4] Food and Agriculture Organization,World Health Organization, United Nations University. Energy and Protein Requirements [R]. Technical Report Series, 1985（724）.

[5] 中国营养学会 . 中国居民膳食指南 2016[M]. 北京：人民卫生出版社，2016: 11.

[6] 卡德维尔 . 运动营养金标准 [M]. 任青，译 . 北京：人民体育出版社，2010: 33-47.

[7] 美国国家体能协会 . 美国国家体能协会运动营养指南 [M]. 黎明，邱俊强，译 . 北京：人民邮电出版社，2018: 33-47.